# 丝芙兰

无需美颜的零售成功

# THE SEPHORA STORY

The Retail Success You Can't Make Up

[美] 玛丽·柯伦·哈克特（Mary Curran Hackett）著
高杨 译

电子工业出版社
Publishing House of Electronics Industry
北京·BEIJING

THE SEPHORA STORY: THE RETAIL SUCCESS YOU CAN'T MAKE UP by MARY CURRAN HACKETT published by arrangement with HarperCollins Leadership, a division of HarperCollins Focus, LLC.

本书中文简体字版权独家授予电子工业出版社。未经许可，不得以任何手段和形式复制或抄袭本书内容。

版权贸易合同登记号　图字：01-2021-2189

**图书在版编目（CIP）数据**

丝芙兰：无需美颜的零售成功 /（美）玛丽·柯伦·哈克特 (Mary Curran Hackett) 著；高杨译 .-- 北京：电子工业出版社，2022.1
书名原文：The Sephora Story: The Retail Success You Can't Make up
ISBN 978-7-121-42299-7

Ⅰ. ①丝… Ⅱ. ①玛… ②高… Ⅲ. ①零售商业—商业模式—研究 Ⅳ. ① F713.32

中国版本图书馆 CIP 数据核字（2021）第 244896 号

责任编辑：张振宇
印　　刷：北京联兴盛业印刷股份有限公司
装　　订：北京联兴盛业印刷股份有限公司
出版发行：电子工业出版社
　　　　　北京市海淀区万寿路 173 信箱　　邮编：100036
开　　本：880×1230　1/32　　印张：6.125　　字数：158 千字
版　　次：2022 年 1 月第 1 版
印　　次：2022 年 1 月第 1 次印刷
定　　价：68.00 元

凡所购买电子工业出版社图书有缺损问题，请向购买书店调换。若书店售缺，请与社发行部联系，联系及邮购电话：(010) 88254888，88258888。
质量投诉请发邮件至 zlts@phei.com.cn，盗版侵权举报请发邮件至 dbqq@phei.com.cn。
本书咨询联系方式：(010) 88254210，influence@phei.com.cn，微信号：yingxianglibook

# 欢迎来到游乐场

"我们的目标是成为全球最受喜爱、最受青睐的美容社区。"

—— 克里斯托弗·德·拉蓬特
（CHRISTOPHER DE LAPUENTE）
丝芙兰原全球首席执行官

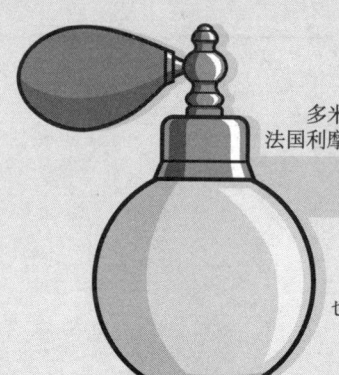

### 1969年

多米尼克·曼多诺（Dominique Mandonnaud）在法国利摩日开了一家小型精品香水店。

### 1970年

英国博姿（Boots）公司在巴黎也开了其第一家香水店。

### 1976年

博姿新百货公司共同创建丝芙兰香水连锁店。

### 1979年

曼多诺创建8号店铺，开启"自助式"香水零售模式。

### 1984年

普美德斯集团获得8号店铺的控制权。

### 1988年

8号店铺收购巴黎的8家香水商店。

### 1991年

曼多诺在两家股权投资公司的支持下买下8号店铺的全部股份。

### 1993年

8号店铺发布全新的"一千零一"香水零售模式，之后收购了博姿旗下的丝芙兰连锁店，为其旗下所有店铺重新命名。

### 1996年

丝芙兰在巴黎香榭丽舍大街开设旗舰店。

### 1997年

曼多诺及其股东将丝芙兰出售给酩悦-轩尼诗-路易威登集团；丝芙兰收购玛丽·珍妮-戈达尔香水连锁店。

### 2019年

丝芙兰面临一系列种族歧视指控,在新任CEO琼-安德鲁·卢乔(Jean-André Rougeot)的领导下发起"我们美丽"运动。

### 2018年

美国著名商业杂志《快公司》将丝芙兰列"全球最具创新能力的企业50强"之一。

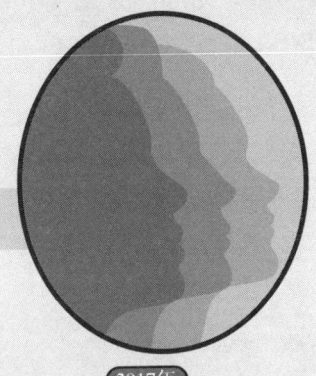

### 2017年

丝芙兰在纽约先驱广场开设店铺,成为丝芙兰在北美店铺中规模最大的一家,也是6个概念门店之一,可提供交互式美妆服务和实操工具。

### 2014年

卡尔文·麦克唐纳(Calvin McDonald)取代戴维·苏利泰亚努(David Suliteanu)成为丝芙兰美国CEO。

### 2007年

丝芙兰打入中东市场,在阿联酋和沙特阿拉伯开设超过44家实体店;此外,还开启了线上销售。

### 2004年

丝芙兰打入加拿大市场。

### 2003年

雅克·利维(Jacques Levy)担任CEO,领导丝芙兰辉煌发展。

### 1999年

丝芙兰开始线上销售。

### 1998年

丝芙兰在纽约开设首家店铺,开始全球扩张。

# 目　录

引　言 ……………………………………… 003
　　化妆的极简史 ………………………… 006
　　现代化妆品和美妆行业 ……………… 007
　　丝芙兰的起源故事与过去相连 ……… 011
　　本书值得期待之处 …………………… 013

第一章　早期历程 ………………………… 019
　　8号店铺如何成为丝芙兰 …………… 022
　　事情如何变复杂 ……………………… 023
　　曼多诺退休和新的母公司 …………… 027
　　丝芙兰成为LVMH的一部分 ………… 028

## 第二章 从精品店到美容帝国 ······ 031

模仿是最真挚的恭维——也是破坏商业外观

最快的方式 ······ 034

外观的重要性：查菲克的持久影响 ······ 035

走向世界——积累成功和问题 ······ 037

利维时代的开始及丝芙兰系列产品与

斯佳唯婷（StriVectin-SD）的发布 ······ 040

从化妆品到护肤品和服务 ······ 043

丝芙兰与杰西潘尼的伙伴关系 ······ 045

丝芙兰未驻足的地方 ······ 048

丝芙兰早期成就的关键——建立顾客忠诚 ······ 050

丝芙兰在美国开展的美容行家项目 ······ 051

## 第三章 化妆品、护肤品、美发护发产品销售的

创新 ······ 057

利维时代的结束和领导更迭 ······ 058

剑道品牌与蕾哈娜公司的全球知名合作 ······ 059

卡尔文·麦克唐纳荣任丝芙兰美国负责人 ······ 064

丝芙兰的数字化转型 ······ 065

全渠道零售领袖 ······ 070

探寻科技前沿 …………………………………… 072

推出新技术 ……………………………………… 075

让这款应用和多渠道体验更进一步 …………… 077

在实体店增加数字工具使用 …………………… 080

个性化和创建定制购物体验 …………………… 083

通过分销商务来接触消费者 …………………… 084

运用达人、播客、YouTube 来传播品牌信息 …… 088

丝芙兰在 YouTube ……………………………… 090

丝芙兰和谷歌 …………………………………… 090

## 第四章 从辉煌到丑闻 …………………………… 095

丝芙兰被员工指控歧视 ………………………… 096

丝芙兰遭遇消费者歧视集体诉讼 ……………… 097

丝芙兰员工指控丝芙兰种族脸谱化以及

丝芙兰的回应 ………………………………… 099

一个合适的回应还是准备已久的计划？ ……… 101

可能出现的公关灾难 …………………………… 103

#不会再去丝芙兰了 ……………………………… 105

女性顾客在丝芙兰感染 STD（性病）和公司的

回应 …………………………………………… 108

关于疱疹的快速指导 ………………………… 109

医生对在丝芙兰购物的建议 …………………… 110

2017 行政令发布后，丝芙兰卷入互联网易
访问性诉讼"海啸" ………………… 112

丝芙兰卷入 2018 高校入学丑闻"校队蓝调
行动" ………………………………… 115

丝芙兰以波姬·小丝的名字命名一款产品
以博人眼球 …………………………… 118

丝芙兰过去曾卷入命名丑闻 …………………… 121

## 第五章 健康、美丽、养生的未来 …………… 127

时尚观察：由内而外的美——补充剂和整体
健康美容法 …………………………… 128

时尚观察：一切皆 CBD ……………………… 131

CBD：不再只是布朗巧克力的专属 …………… 132

时尚观察：美容仪式不再只是女性专属 ……… 134

时尚观察：复古风来袭 ………………………… 137

时尚观察：与女性企业家合作，支持社会公益
……………………………………………… 138

如何参与加速项目 ……………………………… 145

时尚观察：包容性、社区建设和反馈 ………… 146

时尚观察：可持续性 ………………………………… 149

时尚观察：到一切可能的地方去寻找消费者——
　节日庆典、社交媒体、SEPHORiA和家里 …… 152

时尚观察：继续在零售领域扩张 ………………… 155

时尚观察：与豪华理疗中心合作 ………………… 158

时尚观察：为顾客提供信用卡来满足美容和
　养生需求 ……………………………………… 159

时尚观察：优化美妆大数据 ……………………… 161

美妆零售企业的未来 ……………………………… 163

结　语 ………………………………………………… 167

丝芙兰和丝芙兰顾客的新时代 …………………… 167

不同代际的对比 …………………………………… 169

商业经验和机会 …………………………………… 172

"永远不要低估女人追求美的愿望。"

——雅诗·兰黛

# 引 言

如今，几乎没有哪个行业或零售企业敢说自己能够抵御亚马逊的竞争或者不受经济衰退的影响。但全球化妆品行业是个例外。根据奥蜜思公司的研究结果，该行业预期年均增长率是7%——到2023年将达到8060亿美元。而丝芙兰及其竞争对手犹他（Ulta）、德姆斯托（Dermstore）、诺德斯特龙（Nordstrom）和梅西百货（Macy's）均在此列。事实上，自多米尼克·曼多诺（Dominique Mandonnaud）于1969年创办丝芙兰以来，丝芙兰已从巴黎的一家小型香水店发展成为全球领先的美妆产品零售连锁店。其销售的美妆零售产品涵盖化妆品、护肤品、身体养护、香氛、美甲、美容保健品、造型和美容工具等领域。它们似乎不受经济衰退或波动的影响。当其他行业和公司拼力存活时，丝芙兰已经适应环境，进行创新并且崛起了。

有人说美妆行业繁荣发展的原因是一切社会舆论和规则都日益推崇越年轻越好。从全球来看，根据上文提到的奥蜜思公司的研究结果，到2050年，60岁以上人口数量将达到20.9亿人。女性预期寿命将从2005年的82岁增长到2050年的86岁。男性预期寿命将从2005年的78岁增长到2050年的83岁。随着老年人口的增加，用化妆品的老年人在不断增多，他们不能无视皱纹、皮肤干燥、雀斑、老年斑、痤疮、眉毛变稀、上嘴唇长出细毛、皮肤受伤、受损、头发变白及"不美清单"里列出的其他不那么美好的外貌特征。感受到自己的变化并增加对高端美妆产品需求的不仅是老年人，随着社交媒体的广泛使用[如油管（YouTube）、脸书（Facebook）、照片墙（Instagram）、推特（Twitter）、色拉布（Snapchat）、抖音等]，年轻人也很难逃脱需要时刻保持美貌的社会压力。很多评论家甚至责备化妆品和美容行业提高所谓的美丽标准来围猎大众。虽然美容行业并非全无过错，但也不能把问题完全归咎于它，因为人们对年轻和美貌愿望的出现时间要远远早于照片墙的流行使用，甚至化妆品专柜的出现。像丝芙兰这样的公司取得成功的原因不是抓住个体缺乏安全的心理向其兜售产品，而是预测了消费者的深层次需求、愿望和期待，并做出回应。丝芙兰意识到美丽不仅限于肌肤，而且是一种内在需求，因此吸引了更多消费者。

> **像丝芙兰这样的公司取得成功的原因不是抓住个体缺乏安全感的心理向其兜售产品，而是它们预测了消费者的深层次需求、愿望和期待，并做出回应。**

丝芙兰这个名字的来源可以追溯到"美丽"一词的历史起源（或者更准确地说是文学和词源学起源）。"丝芙兰"（sephora）这个词是由 sephos（希腊语意为"美丽"）和 Zipporah（圣经中摩西美丽的妻子，其希腊语名字为 Sepphora）组合而成的。

渴望美丽和感觉到美不是麦迪逊大街的广告公司及化妆品公司的首创。早在照片墙的达人们制作和试用睫毛膏以及精华液的视频很久之前，在史前时代，红赭石就被用来修饰皮肤了（见于我们的女性祖先居住的洞穴）；1000年前，男男女女用眼圈粉（阿拉伯妇女用来涂黑眼圈的一种化妆品）涂抹眼部，喷香水，用红色口脂，把牛奶和蜂蜜倒在温和的水中泡浴，享受生活。以最美的容颜示人，满足感官需求，甚至可以说改变容貌的愿望是人类世代发展的驱动力。

## 化妆的极简史

> " 德米勒先生（Mr. DeMille），我已经准备好拍摄我的特写镜头了。"

尽管追求美的愿望可能和文明史本身一样久远，特里萨·赖尔登（Teresa Riordan）于2004年撰写的《发明出来的美丽》一书指出，在1870年之后摄影变得更受欢迎、更普及，化妆品也一样。在此之前，化妆只是为社会上的风流人士（也就是被委婉地称为"暗夜中的女人"的人）和那些为能让在强照明灯下剧院最后一排的观众看清五官的演员们所用。但随着摄影和电影潮流的崛起，化妆品成为社会主流。在19世纪80年代早期，很多新兴企业看到了生产化妆品的商机，可以让消费者变得像杂志和广告中的女性一样美。它们中的大多数是独资企业，其管理者多为女性。其中最受欢迎的是加利福尼亚香水公司，也就是后来的雅芳。独立代理商——主要是女性——向她们的家人朋友们销售让人变美的面霜、乳液和腮红。这种独特的商业模式让女性变得更加经济独立。这也意味着随着越来越多的女性加入化妆品行业，对化妆品的消费需求也变得更强烈。这种双赢的模式如今还为很多分层营销的化妆品企业所用，诸如玫琳凯（Mary Kay）、艾尔保（Arbonne）和美妆柜台（Beauty Counter）。这些企业提供机会，让女性成为企业家、化妆品代理和化妆艺术家，让她们赚钱。

> **在19世纪80年代早期，很多新兴企业看到了生产化妆品的商机，可以让消费者变得像杂志和广告中的女性一样美。它们中的大多数是独资企业，其管理者多为女性。其中最受欢迎的是加利福尼亚香水公司，也就是后来的雅芳。**

即使在最严重的经济衰退期，化妆品的销售额仍然稳步提升。在其他行业全军覆没时，化妆是女性在绝望时可以实现的简单式奢侈。女性无须忍痛买下一条裙子或是一双鞋来让自己美丽，而只需要简单地买一支并不昂贵的口红就可以瞬间光彩四射。

## 现代化妆品和美妆行业

20世纪早期，化妆已成为社会的主流，更不用说它已成为一个专业词汇了。这个时期最著名的化妆艺术家和现代化妆品行业的开创者也许是蜜丝·佛陀（Max Factor）。20世纪早期，他是好莱坞工作室久负盛名的假发制造师和化妆艺术家。他研究出了不会碎裂和脱妆的"演员化妆用油"，轰动一时。没过多久，女演员就开始日常使用它了。佛陀又发明了唇彩和眉笔，还有名为"饼牌化妆品（Pan-Cake Brand Make Up）"的饼状粉底。很多人认为，"Make-up"这个专指彩妆的英文单词就是由蜜丝·佛陀提出的，这也是这一词第一次出现在媒体广告中。到了20世纪20年代，他将产品推向大众市场，承诺可以让女性消费者变得像电影明星一样美丽。他打出广告以及朱迪·嘉兰（Judy Garland）、丽塔·海华丝（Rita Hayworth）、拉娜·特纳（Lana Turner）、梅尔·奥勃朗（Merle Oberon）和埃拉·雷恩斯（Ella Raines）等明星的照片，承诺"正是化妆创造魅力……银幕明星迅速变美的秘密。"谁不想变得像丽塔·海华丝和拉娜·特纳那么美呢？

蜜丝·佛陀一夜暴富，但他不是唯一的一个。

大概同一时期，在1915年，T. L. 威廉姆斯（T. L. Williams）开创了美宝莲公司。最初它只是一家经营眼妆产品的公司。事实上，眼妆产品是威廉姆斯的妹妹梅布尔

（Mabel）的点子，或者说是她聪明才智的结晶。在一次事故中，她的睫毛被烧掉了，于是她把煤尘和凡士林混合在一起，涂在睫毛根上，充当睫毛。她发现自己可以让睫毛看起来更长，就像大眼睛好莱坞明星玛丽·璧克馥（Mary Pickford）一样。她的哥哥是个精明的商人。他用锡纸包住这个混合物（不含真正的煤），把它叫作Lash-Brow-Ine，并命名为Maybelline（美宝莲），也就是Mabel（梅布尔）和Vaseline（凡士林）的组合。从此，我们心目中的睫毛长度就由美宝莲来定义了。谢谢你，梅布尔。

在20世纪前半叶，化妆行业随着女性杂志（需要刊登化妆品广告和其他女性流行物件）的繁荣而发展。然而，"二战"结束后，消费者购买和使用化妆品的方式发生了改变。在这个时期之前，大多数化妆品是通过邮购、商场购买或通过直接代理商购买的。但存在至今的同名化妆品创始人雅诗·兰黛（Estée Lauder），从根本上改变了化妆品的购买体验。1946年，兰黛启动了在当时看来很特别的变革，建立了一个庞大的化妆品帝国，其方法就是上门服务。或者我们也可以说他们是在探索能够吸引潜在消费者，并让她们愿意倾听护肤品的广告信息，继而成为产品的狂热追求者的场所。这些场所是哪儿呢？当然是美容院啦。在女顾客吹头发的空档，兰黛就送她们一些她和叔叔共同研制的化妆品小样和润肤乳礼品。她凭借这种独特的销售手段让消费者体验了自己的产品。最后，发现有人在萨克斯第五大道精品百货店下了单，于是她又继续去那里发放免费小样和礼品，希望通过不断重复的个性化营销技巧来建立品牌忠诚。事实证明，她的方法是可行的。自 1946 年创立雅诗·兰黛品牌以来，兰黛家族不断扩张，将一系列知名化妆品品牌收入麾下，包括但不限于芭比波朗（Bobbi Brown）、倩碧（Clinique）、悦木之源（Origins）、格莱魅（Glamglow）、Prescriptives、海蓝之谜（La Mer）、MAC、Smashbox、Too Faced、雅芮（Aerin）、贝卡（Becca）、头发护理产品 Aveda、Bumble and Bumble，以及各种香氛产品。兰黛在很多方面都是现代化妆品行业的先驱，并为丝芙兰店铺的运营奠定了基础。丝芙兰如今不仅销售雅诗·兰黛的大部分产品，而且主动出击寻找消费者（不仅在美容机构，还包括线上商城、商场、社交媒体），为购买产品的顾客提供免费小样和赠品，展示交互式体验，以及提供重复的个性化营销和品牌忠诚项目。

**"1946 年，兰黛启动了在当时看来很特别的变**

革,建立了一个庞大的化妆品帝国,其方法就是上门服务。或者我们也可以说在探索能够吸引潜在消费者,并让她们愿意倾听护肤品的广告信息,继而成为产品的狂热追求者的场所。这些场所是哪儿呢?当然是美容院啦。"

现代化妆品和美容行业(及其背后的科技)由来已久,它的源头不仅仅是克莉奥帕特拉(Cleopatra)(埃及艳后)时期的埃及,还有蜜丝·佛陀的"演员化妆油彩"和饼状粉底。那些在脸上涂抹毒性铅粉以及其他含铅和含砷毒性物质的时代已经一去不复返了。在150年的科技进步推动下,整个美容行业呈现指数增长,成为全球经济增长的一部分。

## 丝芙兰的起源故事与过去相连

丝芙兰是过去50年间引领大众生活方式的企业之一。基于多米尼克·曼多诺(Dominique Mandonnaud)1969年在法国利摩日开设小型精品香水店时所制定的战略,丝芙兰与其竞争对手相比,表现得与众不同,也做得更好。可能是受到雅诗·兰黛营销方式的启发，也可能是自身有开发产品体验的需求和愿望，曼多诺有了打造体验式柜台的想法。在他所居住的地方，人们去买香水的时候，都被隔在柜台外面。店员管理着柜台，消费者接触不到商品，购买的时候无法体验。曼多诺自己在购物的时候希望试用产品，因此他觉得其他消费者也应该有这样的想法。他不仅仅想要卖出产品，还希望提供产品的试用体验。人们走进店来，走到香水面前，把它握在手中，喷在手腕上，体会它的味道——也许还可以带着够用一两天的小样回家。虽然1969年不能像今天这样保存数据，无法向人们展示这种购物体验是多么有助于促成交易，但曼多诺敏锐地觉察到这就是美妆行业的发展方向。

和兰黛一样，曼多诺认为美妆行业的未来就在于消除消费者和产品之间的障碍，并且到消费者所在的地方去销售。和蜜丝·佛陀一样，曼多诺认为要让每个消费者感到自己是独一无二的，就像走上舞台，扮演人生的主角一样。事实上，在2018年之前，丝芙兰的销售区一直叫舞台，所有的员工都称作舞台导演。他们黑红相间（现在是黑色和白色）的工服叫作戏服，店铺的后部区域叫作后台，你猜消费者被叫作什么？演员。和梅布尔·威廉姆斯（Mabel Williams）一样，曼多诺聪明能干，勇于创新，总是在孜孜不倦地寻求最新最好的方式来取悦消费者。尽管过去几年来，尤其是随着数字时代的蓬勃发展，化妆品行业改变了很多，但丝芙兰没有放弃对顾客体验的重视。

> "可能是受到雅诗·兰黛的营销方式的启发，也可能是自身有开发产品体验的需求和愿望，曼多诺有了打造体验式柜台的想法。"

## 本书值得期待之处

在本书中，你将看到曼多诺如何将一个小型香水店发展成为一个国际美妆零售品牌连锁店；了解他和他的商业伙伴以及后来的CEO们如何战胜困难；了解他们多年来为适应美妆行业的快速发展和不断竞争所采用的战略和行动；了解丝芙兰如何在数字市场中站在美妆行业的前沿，如何运用创新性的测试与学习方法、高科技工具和数据技术使化妆和护肤品购买体验发生变革。最后，你将看到他们如何应对陷阱和主要挑战，比如诉讼、丑闻、多样性和包容性问题，以及他们如何为迎接未来不断变化和演进的零售市场做出规划。

最后，你将了解到丝芙兰如何应用切实可行的商业模式来发展和适应数字时代，而这种模式也被化妆品行业，乃至整个零售行业膜拜。丝芙兰的独特战略是依靠数据和科技来全面理解消费者的需求。多年来，丝芙兰重视演员即消费者的满意度，并不断开拓创新，打造出以科技为基础的零售体验。丝芙兰和很多以数据和创新（通过反复测试和学习）为支撑的创新型企业并无不同。他们不断超越消费者的期望，在与各种竞争对手（大型零售商、服装零售商、百货公司、目标市场的清洁美容用品零售商、直销零售商、在线零售商，甚至是大型零售大鳄亚马逊）的市场竞争中坚守初心。

如今，丝芙兰是全球领先的专用香水零售商，在34个国家和地区开设了2600多家门店。它还是名副其实的美容/化妆品牌，开发出了价格适中的丝芙兰系列品牌化妆品，以及全球知名的抗皱护肤产品斯佳唯婷（StriVectin-SD）。除了零售平台、化妆品品牌和护肤产品的标签外，丝芙兰还进一步扩展业务范围，开展实体店服务、课程、活动，以及建立全面交互式在线社区。目前，丝芙兰是奢侈品巨头路易威登集团的子公司，丝芙兰店铺中有很多路易威登旗下的品牌商品,并且是路易威登的精选零售部门的最大单元,其销售额超过60亿美元,目前没有放慢增长的计划。

❝ 如今,丝芙兰是全球领先的专用香水零售商,在34个国家和地区开设了2600多家门店。❞

"消费者希望零售商店成为创新空间。他们在寻求不同体验。"

—— 布里吉特·多兰（BRIDGET DOLAN）
丝芙兰多渠道体验&创新部高级副总裁

# 第一章 早期历程

多米尼克·曼多诺在法国利摩日开设小型精品香水店时，顾客近距离体验产品几乎是不可能的事。那时，法国香水和化妆品市场主要是依靠佣金和服务的零售模式。换句话说，销售人员每卖出一件商品都有提成。他们一般在店铺外开展业务，每个人负责一个特定的品牌。尽管那时的杂货店和药妆店，自助服务模式是主要的销售模式，但高端香水和化妆品还是需要销售人员来推广销售。曼多诺希望改变这种局面。

1979年，他把自己的香水店铺更名为8号店铺，对店铺进行改造升级，设计了一个大型的开放式销售区域，让消费者可以接触到产品。他还扩展了产品种类，不只售卖香水，还售卖化妆品。真正具有创新意义的是他不再按照品牌来划分化妆品，而是根据产品种类来划分。也就是说，如果想买晚霜，你就要到晚霜区，那里有伊丽莎白·雅顿的晚霜、雅诗·兰黛的晚霜和香奈儿的晚霜。顾客可以对比不同品牌的产品，然后购买最适合自己的那个。这称得上是化妆品和香水销售的革新了，消费者也很买他的账。在这之后的几年，曼多诺不断完善8号店铺的"自助服务"模式，同时扩展自己的组织架构。1984年，曼多诺将8号店铺扩展到了4家。

同年晚些时候，正在寻求扩张的零售集团普美德斯收购了曼多诺的8号店铺。尽管世人不知晓收购的细节，但根据圣智大英百科全书网站上关于丝芙兰历史的介绍，双方的关系后来"恶化"了。有趣的是，当我们搜索多米尼克·曼多诺对此事的解释时一无所获。这不禁让人猜测：他们在试图掩盖什么呢？把野蛮的阴谋论放在一边，我们直击事实真相：没有任何采访、报道或者文章详细介绍双方分崩离析的缘由。唯一的信息来源是1987年"普美德斯集团将收购8号店铺的业务剥离出去。"

**"有趣的是，当我们搜索多米尼克·曼多诺对此事的解释时一无所获。这不禁让人猜测：他们在**

试图掩盖什么呢？"

然而，从某种程度上说，在与普美德斯集团共事时，曼多诺向其借了资本并用于扩张。这意味着双方分开的时候，曼多诺还欠普美德斯一大笔钱，因此普美德斯仍被认为拥有8号店铺绝大部分的股权。这对曼多诺来说是不小的障碍。曼多诺希望在巴黎做大，因为如果想销售香水和化妆品，那么最好的市场就是这个世界时尚和香水之都，他希望能买下巴黎的8家香水商店构成一个产业链，同时把运营模式转化为8号店铺的模式。然而，由于债务的关系，普美德斯拒绝为曼多诺提供必要的资金激活香水产业链。

曼多诺很沮丧，但并没有丧失斗志。他想要的只是从普美德斯手里购回公司股份，重新获得对公司的全面控制权。但普美德斯的要价很高。虽然我们不知道具体数额是多少，但我们知道曼多诺没有足够的资本购回8号店铺，原因是他把目光转向了一家私人股本公司安佰深集团，还有另一家私人股本公司阿斯托尔。他通过这两家私人股本公司的支持，最终买下了普美德斯的股权。这两家公司除帮助曼多诺买下控股权，还完全同意曼多诺的扩张计划。

两家股本公司还认可了曼多诺提出的退出协议条件：在1997年9月5日曼多诺50岁生日之际，包括他本人在内的各方都要退出协议，而他计划从这一天开始退休。

## 8号店铺如何成为丝芙兰

1991年，收购结束。根据协议，安佰深集团成为大股东，但它看起来更像一个公正的合作伙伴。尽管安佰深集团持有绝大部分股权，它还是完全支持曼多诺所提出的每年增加3到5家店的扩张计划。

然而，曼多诺再次遭遇了始料未及的问题——1991年的经济大衰退。不止法国体会到了这次经济紧缩，当时全球经济都在收紧。在这个时候扩张奢侈品产品链似乎不是个好时机。

然而，在《老友记》中罗斯（Ross）喊出"绕轴转动"之前，或者企业家和初创企业用"令人作呕"来描述快速而彻底的战略转变时，曼多诺和他的合作伙伴已经开始转变了。他们没有通过一次新增3到4个店铺来扩张自身的商业计划，而是考虑利用经济衰退，在企业评级降低时购买现存的香水连锁店，从而实现扩张。

与此同时，曼多诺没有忘记自己的店铺。他仍然致力于打造自己开创的"自助式服务"店铺。顾客可以在店铺里试用产品，需要帮助的时候还可以寻求帮助。曼多诺在瓦勒德马恩省的百丽购物中心开设了一家名为一千零一的香水店。除了"自助式服务"模式，他还建立了比商场甚至药妆店更高端的大型销售空间——全面应用背光展示柜和精致的平面设计元素打造奢华细节。

## 事情如何变复杂

不是所有公司的故事都是线性发展或者简单明了的。我们可以说是多米尼克·曼多诺"创立了"丝芙兰，但事实不完全是这样。他创立的是最终收购丝芙兰的公司。现在来说点什么吗？

> **" 不是所有公司的故事都是线性发展或者简单明了的。我们可以说是多米尼克·曼多诺'创立了'丝芙兰，但事实不完全是这样。他创立的是最终收购丝芙兰的公司。"**

让我们来证实这个说法。丝芙兰其实是英国的博姿公司所持有和运营的连锁店名字。母公司博姿由约翰·博姿（John Boots）于1849年创立，最初是一家草药药妆店，经过多年发展成为一家提供全方位服务的医药公司。事实上，在20世纪60年代，博姿的化学家约翰·尼科尔森（John Nicholson）和斯图华特·亚当斯（Stewart Adams）在实验室发现了布洛芬。（让我们为这些无畏的英雄欢呼：为研发出布洛芬欢呼。）几年后经过几次交易，这家公司发展成为博姿纯药有限责任公司，最终在1971年成为博姿有限公司。在过去的165年间，该公司涉猎的行业领域从药品扩展到药剂学、验光、牙科学、化妆品、美容用品，以及所谓的"养生服务"领域。

公司在其中的一个扩张期内收购了一家化妆品连锁店，于1970年将其命名为丝芙兰。博姿的官方网站上没有提到这个内容，也没有关于1970年之前这个连锁店所有者的历史介绍。（值得注意的是：我们在网上搜索丝芙兰历史的时候，不同网站给出的创立时间是不同的，有的说公司创立于1969年，有的说是1970年。）如果你倾向于多米尼克·曼多诺，你可能会接受1969年这个时间点，因为毕竟是曼多诺做出收购丝芙兰连锁店的决定，也是他独创的化妆品零售体验让这家公司得以发展到如今的样子。但如果你倾于英国博姿，你就会接受丝芙兰创立于1970年。当时英国公司博姿收购了这个连锁店并将其命名为丝芙兰。如今的丝芙兰公司扮演着瑞士的角色（1815年维也纳会议确认瑞士为永久中立国）。他们采取折中的方法，援引其官网上公司简介的内容，"丝芙兰是多米尼克·曼多诺（认可法国和曼多诺）于1970年（认可博姿和英国）在法国创立的"。不同作家对这种做法纷纷表示认可：就像布雷吉特·琼斯（Bridget Jones）（《BJ单身日记》系列小说中的女主人公）说的那样，"干得漂亮，丝芙兰文案"。

1993年，8号店铺通过投资商以相当于6100万美元的价格从博姿手里收购了丝芙兰。与此同时，博姿在巴黎地区持有38家丝芙兰品牌连锁店，其中历史最长的是1970年开设在巴黎帕西路的一家。这个时期，丝芙兰是法国最大的香水公司。位于法国博姿旗下的丝芙兰连锁店采用了与博姿英国店铺相同的运营模式。它们同时销售高端奢侈品和大众市场化商品。

这次收购将8号店铺的整体网络扩展到了将近50家店，也赋予了8号店铺绝佳的位置。丝芙兰店铺位于巴黎受欢迎的购物场所，同时树立了品牌认知。收购之后，曼多诺发布了一个重大通知，该通知由两部分组成。

首先，他计划让所有的新店铺按照一千零一香水店的模式运营——在开阔的销售空间开展以奢侈氛围为核心的自助式服务。其次，他要求旗下包括8号店铺在内的所有店铺都更名为丝芙兰。

在这之后的4年，曼多诺不断扩张。到1997年——也就是他50岁，计划要退休的年纪——曼多诺在全法国共有54家店铺。丝芙兰仍然占有法国香水市场份额的8%。从某种角度来说，丝芙兰将自己的品牌打造成了一个旅行目的地。来自全球各地的人们蜂拥至巴黎香榭丽舍这家久负盛名的旗舰店。也是在那里，丝芙兰正面标志性的锡耶纳大教堂黑白条纹装饰的门店首次出现在世人面前。

> **"到1997年——也就是他50岁，计划要退休的日子——曼多诺在全法国共有54家店铺。"**

如今，无论你在哪里，在哪个购物商场，在哪个国家，丝芙兰的人造石黑白横纹标志都像灯塔一样矗立在你面前，吸引你走进去试一支口红、一款精华（当然，也可能是7支，但谁会去计算呢）。位于香榭丽舍的旗舰店要比普通店铺大2倍，占地1300平方米，也是未来将建店铺参照的模板。曼多诺最终实现了自己的梦想——从利摩日的一个小店开到巴黎著名的购物街。曼多诺有足够的理由来庆祝自己的成绩,甚至坚守这个成绩。很明显,丝芙兰站稳了脚跟。

## 曼多诺退休和新的母公司

然而,曼多诺很清楚如何终结自己的事业(尤其是自己所扮演的角色)。他知道自己的公司将发展壮大,取得成功,甚至没有他也将稳步发展,因此他像原先计划的那样在1997年退休了。他的合作伙伴也做好准备按照协议撤出投资。他和合作伙伴没有选择公开募股,而是开始寻找有兴趣的(和有价值的)买家。没有哪个奢侈品和美容零售企业像路易威登集团(LVMH)这么有合作价值了。巧合的是,LVMH当时也在积极寻求扩张,尤其是增加新的零售链条来补充自身的设计师标识产品。1997年7月,曼多诺提前(离9月份生日还有两个月)以3亿4400万美元的价格将他所钟爱的公司卖给了LVMH——这让曼多诺和他的两个合作伙伴大赚了一笔。这是送给自己50岁生日最好的礼物。同时,这也是丝芙兰新时代的前夜。

## 丝芙兰成为 LVMH 的一部分

加入 LVMH 家族之后,丝芙兰被注入了足够的资本,可以实现进一步扩张了。1998 年,丝芙兰收购法国香水公司玛丽·珍妮-戈达尔(Marie Jeanne-Godard),其旗下店铺数量翻了一番。玛丽·珍妮-戈达尔旗下的 75 家店铺全部更名为丝芙兰。此次收购很快带来了额外收益,这个时候丝芙兰占据了法国香水市场 18% 的份额。在加入 LVMH 之后一年,丝芙兰的销售额达到 20 亿法郎。丝芙兰已经准备扩张到法国以外,迈向全球了。

"人们喜欢娱乐环境。

这是未来的潮流。"

—— 安妮特·格林

香水基金会主席

# 第二章 从精品店到美容帝国

美国广播公司（ABC）的《视角》节目主持人凌志慧（Lisa Ling）在1998年丝芙兰第一家美国旗舰店盛大揭牌仪式中高喊"这是爱美成瘾者的天堂"。作家朱莉·K. L. 达姆（Julie K. L. Dam）在《人物》杂志上发表的《外貌很重要》一文中指出，她受邀出席仪式并报道出席嘉宾对这家大型化妆品店的反应。女演员凯拉·塞吉维克（Kyra Sedgwick）当时也在场。面对陈列着600多瓶香水和365支口红的超大店面，她对达姆说："真让人目瞪口呆，但我准备好接受这个挑战了。"

在同一篇文章中，丝芙兰时任艺术总监查菲克（Chafik）（他隐去了他的姓氏贾斯米Gasmi）对达姆说："丝芙兰店铺布局的目的是，每当你来到这里，总会感到这个地方充满魔力，让你的感官愉悦。"达姆本人也分享了首次体验这个店铺后的感受："这是一次感官的冲击，丝芙兰的新品包含300多个不同品牌，从可爱派（Hard Candy）到克里斯汀·迪奥（Christian Dior），不一而足，让人眼花缭乱，加上它自身的产品线，使之成为美容零售业的巴诺书店（美国当时最大的零售连锁书店）。丝芙兰一改过去把产品摆在柜台里的做法（就像它的大多数竞争者做的那样），而是将每件商品摆放在开放式货架上，吸引消费者按自己的意愿去涂抹和试用。"毫无疑问，把丝芙兰与巴诺作类比已经跟不上时代的脚步了，但对我们这些喜欢花时间品尝咖啡，在开遍全美国的巴诺书店购买杂志和书籍之前要认真挑选的人来说，这个类比很有意义。在丝芙兰出现之前，我们这些想要购买化妆品的消费者能做的最好方式就是在CVS（美国最大的药妆连锁店）或杜安里德（Duane Reade）的走廊上徘徊，把带包装的化妆品拿在手上反复查看和阅读上面的文字，或者把口红拿到自己面前，然后尽力去猜里面是什么样的。我们也可以去商店，拿一个牌子的护肤品，比如倩碧（Chinique），然后去咨询它的代理导购。能够自由地试用各种品牌的化妆品，又无需独立销售代理跟随真是一次革新，太让人兴奋了。

> **"这是一次感官的冲击：丝芙兰的新品包含 300 多个不同品牌，从可爱派（Hard Candy）到克里斯汀·迪奥（Christian Dior），不一而足，让人眼花缭乱，加上它自身的产品线，使之成为美容零售业的巴诺书店（美国当时最大的零售连锁书店）。丝芙兰一改过去把产品摆在柜台里的做法（就像它的大多数竞争者做的那样），而是将每件商品摆放在开放式货架上，吸引消费者按自己的意愿去涂抹和试用。"**

香水基金会（不属于丝芙兰）主席安妮特·格林（Annette Green）很有先见之明。她在那时曾说："人们喜欢娱乐环境。这是未来的潮流。"丝芙兰赌了一把。1998年，丝芙兰在欧洲共有 182 家店铺正在运营，在美国即将开设 29 家店铺（除纽约店之外），并计划到 2002 年扩展到 175 家店以上。但丝芙兰未来即将要面对的跌宕起伏、诉讼案，以及其独特的愿景和大胆地尝试也对扩张造成了一定影响。

## 模仿是最真挚的恭维——也是破坏商业外观最快的方式

丝芙兰打入美国不仅影响了美国的行业竞争形势,还对同行业产生了积极影响。事实上,丝芙兰的竞争对手遭到冲击之后开始全面模仿丝芙兰。丝芙兰在纽约开设第一家店后不久,又在旧金山的斯托克街开了第二家店。不久,梅西百货重新设计了纽约先驱广场店的化妆品商店和索松(一家独立的化妆品和香水店,位于圣克拉拉谷商场),使其更接近丝芙兰的外观和布局。丝芙兰很严肃地看待这件事,于1999年8月11日发起诉讼,指出"梅西百货侵犯了丝芙兰的'商业外观',或者创造了一种与丝芙兰外观和设计几乎相同的外观来迷惑消费者"。

2000年2月,美国联邦地方法院批准了丝芙兰提出的临时禁令提议。在本案结案之前,禁止联合百货(梅西百货的母公司)以及梅西西部分公司开设任何独立店铺或者改造任何现有的化妆品商店。丝芙兰发布的消息中援引了法官R. 沃克(R. Walker)的原话,"原告(丝芙兰)店铺的独特感觉被梅西百货尽数模仿,"法官认同丝芙兰的说法。的确，如果一个消费者去逛索松商店或者新装修的梅西化妆品店，他或她可能会感到很困惑，觉得自己可能进入了丝芙兰旗下的商店。根据法律，"误导消费者是证实商业外观侵权的要件。"该案本计划于2000年9月宣判，而当年6月，丝芙兰就与联合百货有限公司和梅西西部分公司了结了此案。然而，案件的判决结果并未公开。如今梅西百货的商店里还有"开放式销售"概念区，但与丝芙兰的设计有所区别。

## 外观的重要性：查菲克的持久影响

对一个像梅西百货这样，在美国零售市场站稳脚跟的大型零售商店被指控模仿丝芙兰的设计和营销元素的事实，还有一些可供分析的内容。丝芙兰非常清楚竞争很激烈，因此要永远快人一步。诉讼发生时，丝芙兰CEO兼美国总裁霍华德·迈特纳（Howard Meitner）表示，竞争者/模仿者只是"把赌注压在查菲克这样的人身上，因为他有能力让我们保持地位，并不断进步"。我们前面提到过，查菲克是丝芙兰的艺术总监，负责丝芙兰所有的美学和设计细节，"从全新的环形香水测试站到在店铺里播放的全球音乐合集"。用迈特纳自己的话说，"查菲克对品牌的整体增长具有极其重要的价值。能够在全球范围内彰显自己独特的品牌愿景和品牌执行力是丝芙兰取得如今成就的主要原因之一，也是它的标志如此深入人心的原因。"

> **"查菲克对品牌的整体增长具有极其重要的价值。能够在全球范围内彰显自己独特的品牌愿景和品牌执行力是丝芙兰取得如今成就的主要原因之一，也是它的标志如此深入人心的原因。"**

查菲克的传奇一生完全可以写成一本书。他是一位在法国注册的建筑师和工业设计师，1997年因获得Prix de Nombre d'Or奖（工业和设计领域的著名奖项）而名声大噪。他的获奖作品是重塑穆兰·加朗（Moulin Galland）目录，打造后来出现在包括时代广场和世界各地公园等公共场所的"广场"椅。但在他闻名全球之前，查菲克独到的创意视角就吸引了曼多诺的注意。1996年，曼多诺请查菲克来设计自己在香榭丽舍的著名店铺，并邀请他担任丝芙兰品牌和概念艺术总监。查菲克在丝芙兰供职7

年，负责这个时期丝芙兰全球扩张的艺术设计。

曼多诺将丝芙兰出售给LVMH之后，LVMH的总裁兼CEO贝尔纳·阿尔诺（Bernard Arnault）同样要求查菲克助其完成旗下其他品牌的设计，向"它们所有的创造性和战略性方案"发起挑战。这些品牌包括迪奥（Dior）、加利亚诺（Galliano）、高田贤三（Kenzo）、唐培里侬（Dom Perignon）、法国娇兰（Guerlain）、纪梵希（Givenchy）和玉宝（Ebel）。毋庸置疑，查菲克最擅长的就是迎接挑战。在一次难得的采访中，曼多诺向记者戏谑地谈论起查菲克，"他不好相处，总是让人难受，一有什么想法就立马去做。"而他的想法之一就是打造独特的感官体验，通过他所谓的"吸引力法则"来吸引世界上任何角落的买家。

## 走向世界——积累成功和问题

在美国市场不断成功应对各种挑战的时候，丝芙兰又把目光投向了欧洲市场。其打入欧洲市场的首批目标之一是意大利。丝芙兰开始进行战略性收购，包括一系列小连锁店，如1998年收购哈利斯（Kharys），1999年拥有46

家店的拉古那（Laguna），2000年拥有19家香水店的连锁机构博伊迪（Boidi）。到2005年，丝芙兰在意大利运营的店铺已超100家，其中包括同年开张、位于米兰的旗舰店。丝芙兰在法国、加拿大、美国、意大利、葡萄牙和希腊扩张，在全球范围内建店将近460家时，一切并不像阿玛尼基金会越过森马士盒（Smashbox）妆前乳选择丝芙兰那样进展顺利。事实上，他们在基金会遭遇了重创，尤其是丝芙兰试图同时在英国、日本和西班牙扩张。在日本，他们面临着"相对忽视"，7家店铺销量全部落后。丝芙兰在英国也建了不少店，但最终都关门了。

> **"丝芙兰在法国、加拿大、美国、意大利、葡萄牙和希腊扩张，在全球范围内建店将近460家时，一切并不像阿玛尼基金会越过森马士盒（Smashbox）妆前乳选择丝芙兰那样进展顺利。"**

一般来说，在一个品牌的发展历程中，像这样的下滑会让投资者议论纷纷。LVMH会在危机中卖掉刚刚发展成型的企业吗？然而，真实的情况是，尽管丝芙兰的业绩平平，LVMH也没有计划卖掉它，而是请了一位新领导。

2003年，丝芙兰在销量持续下降，在西班牙等地进展艰难时，聘请史泰博国际公司原负责人雅克·利维担任丝芙兰总裁。利维和丝芙兰欧洲执行总监娜塔莉·巴德-米歇尔（Nathalie Bader-Michel）一道启动了丝芙兰理念的彻底变革。

在史泰博之前，利维在销售行业履历颇丰，曾在达尔蒂（Darty，法国一家著名的电器连锁店）、老佛爷百货（Galeries Lafayette）、新百货（Nouvelles Galeries）和迪士尼集团（相继担任欧洲运营总监、副总裁兼迪士尼商店全球特许经营总经理）供职。在担任史泰博总裁的3年间，他领导史泰博不断增加利润、实现扩张。他将带领丝芙兰取得同样的成绩。丝芙兰集团当时的董事长皮埃尔·莱泽尔特（Pierre Letzelter）说："我们非常高兴在丝芙兰欧洲总部欢迎雅克·利维。他丰富的国际经验和广博的销售知识，以及领导我们不同运营部门团队的能力将成为发展丝芙兰理念的重要资产。"

莱泽尔特的预想成真了。利维担纲主帅的7年内，丝芙兰实现了大规模发展、扩张和盈利。

## 利维时代的开始及丝芙兰系列产品与斯佳唯婷（StriVectin-SD）的发布

利维的重要贡献之一是打造了自有化妆品品牌丝芙兰系列产品。该系列定位高端，但价格亲民，富有创新性甚至是开创性——不仅有适用于面部的化妆品，还有护肤产品。如今，丝芙兰系列产品宣传语完全契合丝芙兰的超级随意、接地气的表述："品质正点、价格美丽。"就像丝芙兰官网上说的那样："适用于所有人，从化妆新手到美妆大咖都能轻松驾驭。"按照丝芙兰官网上的说法，丝芙兰产品线背后的理念是："作为丝芙兰自有品牌，我们运用广博的行业知识来打造价格亲民、品质比肩大牌的产品，因此无论你寻找的是人生不可或缺的眼线膏还是价格不菲的清洁护肤品，确信无疑的是，丝芙兰系列会让你和你的钱包都高兴。"网站还介绍道，丝芙兰系列的所有产品"严格遵循产品安全国际法——也就是说它们符合欧美化妆品行业规则，以及有关研发、追溯、安全的国际标准，在遵守限制物质清单（超过1400种物质被限制使用）方面以身作则。"

同年，美容行业对后来全球畅销的抗衰去皱霜——克连贝格（Klein Becker）为丝芙兰开发的斯佳唯婷出现了不同看法。这款产品的设计初衷是祛除妊娠纹，而消费者迅速把它用于祛除面部皱纹和下垂。在很短时间内，这款产品迅速成为美国百货商店、网上购物和护肤行业专门店的畅销品之一。2004年7月19日（也就是斯佳唯婷官方发布后一年）丝芙兰的新闻发布会指出，"除了肉毒杆菌，女人最爱斯佳唯婷。"丝芙兰援引营销信息公司NPD集团所做的"肉毒杆菌之外：认识斯佳唯婷的消费者"研究，指出仅2003年5月到12月期间，斯佳唯婷的百货商店销售额就超过了1300万美元；2004年年初，销售额已达3000万美元。相比而言，这个数字是畅销护肤品平均销售额的3倍——平均数值是每年2000万到3000万美元。

NPD将斯佳唯婷的成功归功于整体顾客满意度。结果和消费者满意度最有说服力。*天啊，你的工作完成了吗？你完成了些什么呢？*这对任何人来说都是无法回避的问题，也是人们不假思索的问题。口口相传似乎是巨大成就的主要动力，因为从营销和认知的角度，斯佳唯婷不是大众熟知的品牌。尽管它取得了巨大成功，而通过互联网调查显示，只有不到 5% 的女性消费者听说过这个品牌，只有 12% 的消费者购买过这个产品。按照 NPD 公司的说法，这个研究"考虑到了地域和人口统计方面的均衡问题"，但在性别上没有实现平均，因为该项研究是对 45000 名女性进行调查。但在研究报告于 2004 年发布之后，情况发生了变化。斯佳唯婷一跃成为美容杂志、网络视频博主、博客博主的新宠，不断圈粉。

> **美容行业对后来全球畅销的抗衰去皱霜——克连贝格（Klein Becker）为丝芙兰开发的斯佳唯婷出现了不同看法。 这款产品的设计初衷是祛除妊娠纹，而消费者迅速把它用于祛除面部皱纹和下垂。 在很短时间内，这款产品迅速成为美国百货商店、网上购物和护肤行业专门店的畅销品之一。**

LVMH 在 2004 年年度报告中对利维的成功表示赞赏。报告指出，"对丝芙兰来说，2004 年是声名卓著的一年，这一年里它实现了所有目标：在欧美的销售额和利润增长强劲，收获了现金流正向流动，进而可以继续支持其进一步扩张。"2004 年 12 月 31 日，丝芙兰组建了 521 家店铺构成的全球销售网络，在欧洲新开了8家店；在美国新开了12家店；最终在西班牙取得突破，与英国宫百货（El Corte Ingles）签署了合作伙伴协议。更激动人心的是丝芙兰在美国做得很好。丝芙兰在美国销售连续4年实现两位数增长，"远超高端零售业整体水平"。

LVMH在这份年报中总结了丝芙兰强劲增长的主要原因就是新战略中将公司定位为"为美容产品创新与专长代言"。年报接下来突出强调了该战略的成功案例，介绍了"一系列引领潮流的香水和化妆品品牌以及能够提供护肤品真正附加值的独家协议。而发展创新服务是丝芙兰取得成功的另一个因素。丝芙兰深化了与知名香水和化妆品品牌之间的伙伴关系，完善了最初的营销和推广政策，同时继续开发自有品牌下将创新性、品质和亲民价格完美结合的不同产品线。"

## 从化妆品到护肤品和服务

随着更多资金注入以及丝芙兰系列产品和斯佳唯婷所取得的巨大成功，丝芙兰于2005年发布了自有护肤系列产品，价格从3美元到20美元不等，种类涵盖洁面乳、面膜、精华液、晚霜等。相较之下，其他品牌一瓶护肤霜的价格可能就高达500美元。（海蓝之谜的面霜价格是每瓶510美元。）事实证明，为消费者提供更多产品选择既是盈利之举，又是长期战略。通过在奢侈品牌店销售相对低价的商品，丝芙兰可以让新一代年轻人熟悉与平价丝芙兰系列产品摆放在一起的奢侈品牌。利维和他的团队在放长线钓大鱼。

同年，丝芙兰推出一系列店内服务项目——发型设计、修眉、美甲、化妆教学和服务。丝芙兰继续在东欧扩张，收购了波兰的香水公司Empik；与俄罗斯香水化妆品零售商L'Etoile建立了合作伙伴关系；与上海家化联合公司建立合资企业，从而打入中国市场。2005年年底，丝芙兰在上海开设了3家分店。2006年年初，丝芙兰成为三大洲唯一的高端零售香水供应商，实现利润全面增长。

LVMH 2006年年报指出，丝芙兰在营业额增长、扩张和盈利上"超越了其在大西洋两岸的业绩目标"。这份年报还正式宣布丝芙兰在中东开设第一家分店。仅仅一年时间，丝芙兰的全球店铺网络就从521家店增加到621家。在扩张的过程中，丝芙兰还不忘对原有店铺进行大规模改造。然而，最有趣的一步可能是它出人意料地与美国零售商杰西潘尼（J. C. Penney）建立了

## 丝芙兰与杰西潘尼的伙伴关系

杰西潘尼并不推崇"奢侈品",也不销售 LVMH 的高端品牌。人们想到杰西潘尼,可能往往会想到降价而不是马克·雅克布(Marc Jacobs)(服装设计师)。妈妈们在那里购买毛巾、度假风睡衣、不合身的羊毛开衫、舒适的通勤鞋。这不是过分矫揉造作和评判型作家的视角。杰西潘尼有限公司很清楚自己的顾客群体年龄偏大和审美过时。2004 年,杰西潘尼请乌尔曼三世(Myron E. Ullman Ⅲ)担任新董事会主席兼 CEO。他决定一改公司老旧的形象,同时引入更多高档品牌来吸引新一代年轻人(来真的消费,而不是随便走走看看)。作为打造新形象举措的一部分,杰西潘尼于 2006 年 4 月宣布与丝芙兰合作。

当时,杰西潘尼在全美有超过 1000 家店(目前已经将近 1100 家),拥有极大的市场份额,因此这个合作对丝芙兰来说也是有利可图的。与杰西潘尼建立合作伙伴关系,丝芙兰就可以扩大版图,将业务扩展到城市和高端百货商店以外的地方。根据协议,每家丝芙兰店铺都要开在杰西潘尼百货显眼的中心位置,设置与丝芙兰独立店铺相同的背光展示台和样品。此外,杰西潘尼百货中的每家丝芙兰店铺都要配备经过培训的丝芙兰内部员工。这在当时是独一无二且史无前例的做法。

如今,我们已经接受了这种"店中店"或"时尚潮店"模式。这在过去 10 年十分受欢迎。我们绝对期待星巴克随处可见——在塔吉特百货(Target)里、在杂货店里,甚至在梅西百货里。毫无疑问,杂货店是最初的选择——在店里开设独立的药妆店。但丝芙兰与杰西潘尼的成功合作在很大程度上超越了在大型零售商店里开设药妆店和咖啡店的模式。2013 年,三星体验店在全美的百思买(Best Buy)百货开业。2018 年,诺德斯特龙(Nordstrom,美国高档连锁百货店)宣布与安家(Anthropologie,高端波希米亚风服饰和家具零售商)开展合作,后者目前在诺德斯特龙百货高档区都有店铺。梅西百货也用"店中店"模式来吸引不同年龄段的消费人群,如今在很多百货商场里设有终点线(Finish Line)运动鞋服店铺、太阳镜小屋(Sunglass Huts)和星巴克。

世邦魏理仕集团(CBRE Group)零售资讯和交易服务部副总裁凯文·马歇尔(Kevin Marschall)认为,"店中店"模式对零售商和租户来说是双赢的。对像杰西潘尼这样的零售商来说,"店中店"模式提供了"改善购物体验、吸引那些希望进一步了解某个产品或品牌的消费者"的机会。对像丝芙兰这样的租户来说,这种模式提供了"比独立店铺更好的位置/区位,风险低,运营开支和建店成本低。这是一种可以在优越地段便携和低成本地全天候运营,用营销战略来推销新产品和实验的方式"。当时,丝芙兰美国总裁兼CEO戴维·苏利泰亚努(David Suliteanu)表示,丝芙兰与杰西潘尼合作的原因是,"杰西潘尼对为客户群提供相关商品的价值观与我们的目标相契合。这里的客户群包括美国最年轻的女性。在这个市场里,杰西潘尼是一个重要而快速增长的因素。"

丝芙兰在全美的杰西潘尼百货开设了60家店铺,快速扩大了客户群。而由于丝芙兰吸引了过去从不在杰西潘尼购物的年轻一代消费者,杰西潘尼也因而扩大了客户群。波士顿零售合作商(零售顾问公司)负责人肯·莫里斯(Ken Morris)指出:"这是扩大客户群和增加客流的好方法。"如今,丝芙兰在杰西潘尼在全美近650家百货商场里安了家。除实体店之外,丝芙兰还是杰西潘尼网站上唯一的在线美容产品销售商。

> "丝芙兰在全美的杰西潘尼百货开设了60家店铺，快速扩大了客户群。而由于丝芙兰吸引了过去从不在杰西潘尼购物的年轻一代消费者，杰西潘尼也因而扩大了客户群。"

## 丝芙兰未驻足的地方

到2006年年底，丝芙兰似乎无处不在了——在全球的商场、高端购物区，甚至我们难以想象的地方——杰西潘尼百货。丝芙兰在世界各地发展壮大。甚至发展较慢的西班牙店的销售额都实现了两位数增长。除全球实体店外，丝芙兰还把目光投向线上销售——包括创建针对法国市场的Sephora.fr网站。美国网站Sephora.com的销售额也实现了大幅增长。

丝芙兰在欧洲扩张的最显著缺失部分仍然是英国。在杂志《红秀》（*Grazia*）上刊登的一篇标题很博眼球的文章《丝芙兰终究还是无法登陆英国》中，美妆专栏作家卡蒂·罗塞辛斯基（Katie Rosseinsky）安抚着英国那些当真以为丝芙兰将在伦敦韦斯特菲尔德购物中心（Westfield）开店而发狂的美容产品买家。她写道，"真难过，传闻不是真的,我们不能马上买到丝芙兰面膜、口红和粉底了"。而丝芙兰对不在英国开实体店或网店的原因不置一词,也不回应记者关于此事的询问。但这个事实并没有让英国的丝芙兰粉绝望。很多美妆博主告诉丝芙兰忠实粉丝想要买到丝芙兰产品的方法,就是从美国网站上订购,但要支付不菲的运费。

然而,2018年7月,丝芙兰宣布将不会把商品运往英国。作家萝拉·卡朋(Laura Capon)在为《大都会》杂志撰写的文章《丝芙兰不再将商品运往英国》中绝望地宣布了这个坏消息:"如今最糟糕,真的最糟糕。所有希望都破灭了,所有的幸福都失去了,因为今天起英国的消费者将无法从丝芙兰美国网站上订货了。"英国和荷兰的消费者只能再次选择丝芙兰法国。卡朋说:"丝芙兰法国的存货品牌不及丝芙兰美国的一半。"卡朋在文章结尾写道,"今天是美容界的黑暗日。"虽然有点夸张,这篇文章想说的是在丝芙兰暂未涉足的地方,仍存在品牌溢价。它声名远播,哪怕是那些从不逛实体店或网店的人都有强烈的购买愿望。这主要取决于让消费者愉悦从而不断重复购买的战略,或者像英国的案例中,消费者对这个品牌产品的简单渴求。

## 丝芙兰早期成就的关键——建立顾客忠诚

LVMH 2006 年年报提道，丝芙兰重视其"差异化战略和顾客忠诚度，"并将其归结为几个方面："创新和高质量筛选出能够满足顾客高期望的独家品牌，如斯佳唯婷（抗皱护肤品）和 Bare Escentuals（矿物彩妆品牌）；与香水和化妆品行业的知名大品牌建立动态合作伙伴关系；通过开发新服务来强化自身美妆专家的地位；打造不同空间，如丝芙兰美妆站——分享呵护和维护健康的地方。"年报还赞扬了丝芙兰如何"通过不同媒体开展宣传（广告牌、新闻、广播、电视、互联网、邮件），从而在三大洲有效提高了知名度。丝芙兰甚至在法国的电影院打过广告。"

在介绍了丝芙兰的零售店知名度和品牌认知持续提升、保持高位之后，年报还重点介绍了丝芙兰的自有化妆品品牌以及丝芙兰如何"不断成功地开发和更新品质卓越、价格亲民的产品"。丝芙兰在零售店和自有化妆品品牌上所取得的这些成就都得到了支持，其方式是"通过对销售顾问和店铺管理者进行培训的稳定投资，丝芙兰在进入的三大洲都建立了办公区学校"。丝芙兰认为维护顾客忠诚的关键就在于让消费者在丝芙兰获得愉悦的购物体验。

最后,年报提到了"与顾客建立密切关系的关键"——会员卡,认为这在引领丝芙兰在欧洲各个市场"扩张"的过程中发挥着重要作用。年报还宣布丝芙兰计划于2007年在美国启动该项目,希望能收获同样的效果。

> **丝芙兰重视其'差异化战略和顾客忠诚度',并将其归结为几个方面:创新和高质量筛选出能够满足顾客高期望的独家品牌,如斯佳唯婷(抗皱护肤品)和 Bare Escentuals(矿物彩妆品牌);与香水和化妆品行业的知名大品牌建立动态合作伙伴关系;通过开发新服务来强化自身美妆专家的地位;打造不同空间,如丝芙兰美妆站——分享呵护和维护健康的地方。**

## 丝芙兰在美国开展的美容行家项目

过去十年,丝芙兰会员数量逐渐增多,目前仅在美国就有超过 1000 万持卡人。该项目被亚力克斯·麦凯克伦

(Alex McEachern，电子商务和营销专家、销售公司的创始人，撰写了丝芙兰忠诚案例研究）称该项目为"零售业和电子商务忠诚社区最著名的奖励项目之一"，麦凯克伦将忠诚项目的成功归结为有效利用消费者各层级。通过把消费者分为不同群组，向每个层级的购买者发起激励，促使他们到达更高的层级。层级可以基于购买量、获得的会员积分，或者消费金额来定。丝芙兰选择了根据消费金额来定层级的会员项目。

持有丝芙兰会员卡的人叫"美容行家"。美容行家项目是丝芙兰在美国和加拿大开展的免费奖励项目。消费者可以通过购买商品累计积分，根据积分获得奖励。丝芙兰会员在丝芙兰美国网站Sephora.com或丝芙兰加拿大网站Sephora.ca、零售商店或者在杰西潘尼百货及杰西潘尼网站JCPenney.com上购买丝芙兰商品所花的每一块钱（无论美元还是加元），都可以根据会员级别来获得相应积分。普通会员每花一美元（或加元）就获得一个积分。VIB卡（每年消费350美元以上的会员卡级别）会员每花一美元（或加元）获得1.25个积分。红卡会员（每年花费超过1000美元）每花一美元（或加元）获得1.5个积分。除奖励外，消费者在网站上还有专属的"个人页面"，可以浏览自己的当前积分和奖励活动，了解并积攒赢得奖励和收益所需积分。

麦凯克伦的案例研究中提到的丝芙兰奖励项目发挥作用的另一个方式是，"使品牌的不同客户群匹配对应的奖励活动。"他写道，"丝芙兰在将奖励与品牌理念相匹配方面做得很好。丝芙兰这个品牌成为魅力、品质和奢侈的代名词——而这一切都充分体现在了消费者奖励中。"比如，VIB卡和红卡会员有机会获得限量商品和出席专属活动、享受丝芙兰美妆站服务、抢先使用丝芙兰新品。麦凯克伦写道，"丝芙兰的美容行家项目被视为高端或奢侈的项目。丝芙兰发明的换购流程反映了这一点。除了用积分来打折，会员还可以在奖励市场中用积分换取更多美妆产品。"麦凯克伦认为，这与丝芙兰的品牌理念十分相配，因为打折和优惠券跟"优质"或"奢侈品牌"不搭界。

案例研究显示，丝芙兰的品牌忠诚取得成功的第三个原因是个性化产品建议。麦凯克伦认为，"丝芙兰知道顾客非常在意购物体验，这可以从丝芙兰如何制定顾客层级和奖励分类中清晰地看出""这也是丝芙兰制定美容行家会员个性化产品建议的原因"。

产品建议是根据消费者的购买历史为每位消费者量身

定制的。这很适用于定期购买的顾客，因为他们的数据能够不断积累；而对新顾客来说，这个服务很难完全奏效。因此，丝芙兰为在线购物的顾客制作了"美容档案"。顾客只需回答一些关于他们的眼睛、肤色、皮肤类型等问题，程序算法就可以基于这些信息在线上为顾客提供个性化产品建议。

> **丝芙兰在将奖励与品牌理念相匹配方面做得很好。丝芙兰这个品牌成为魅力、品质和奢侈的代名词——而这一切都充分体现在了消费者奖励中。**

尽管案例研究提出了一系列丝芙兰进一步完善会员奖励项目的建议，其中最主要的是让公司主页的商标更引人注目，但作者最后表示，"丝芙兰的'美容行家'项目无疑是现存会员项目中最成功的一个。实体和线上项目都很成功。"

2007年，在加入LVMH近十年之际，丝芙兰不断扩大市场份额。丝芙兰基于全球化发展，成为零售业界艳羡的对象，还拥有忠诚的客户群，从一个小型精品香水店发展成为吸引全球数百万消费者的美容大鳄。但丝芙兰最重要的资产可能是热衷创新，因而更适应零售市场的数字化时代。

"我认为要想成为成功的零售商想要取得商业成功——必须最大限度地追求数字化。"

—— 朱莉·伯恩斯坦
丝芙兰前首席营销官&首席数字官

# 第三章 化妆品、护肤品、美发护发产品销售的创新

当LVMH庆祝收购丝芙兰十周年并公布2007年创纪录的收益时,全球金融危机刚刚露出苗头。在雷曼兄弟公司（Lehman Brothers'）于2008年9月15日宣布破产后不久,美国股市崩盘,全球市场衰退,随后几年全球进入经济大萧条时期。最先受到影响的是房地产市场和银行业,不久后所有主要行业都受到重创。失业率飙升,租客被驱逐、房屋被拍卖,家庭债务也随之飙升。据估计,仅在美国,消费者财富缩减量就以万亿计。信贷可获量长期处于低位,国际贸易下滑。然而,唯一似乎没有受到经济衰退影响的领域就是美妆行业。

伯纳德·阿诺特（Bernard Arnault）在LVMH 2008年年报中指出,"2008年的业绩彰显了我们的企业架构在经

济危机时期的独特活力。基于对旗下品牌的积极创新、坚持品质追求和高效的团队，集团在以往的经济衰退中总能将自身打磨得更强大。LVMH 有信心和决心迎接 2009 年的挑战和机遇，并且已制定了在全球奢侈品行业提升领导力和地位的目标。"他在重点内容部分介绍了创纪录的收益和利润增长、各主要品牌的持续增长、香水和化妆品团队和丝芙兰的"优秀业绩"。当全球市场陷入衰退时，LVMH 高端零售集团（包括丝芙兰）实现了 9% 的有机收益增长。虽然遭遇了经济危机，丝芙兰仍然计划在重点市场区域实现增长和扩张。丝芙兰在法国、美国和中国的线上销售也取得了不俗的成绩。最后，年报总结丝芙兰的成功原因在于"持续差异化战略，更具创新性和独特性的产品设计，以及全面的店内服务。"

## 利维时代的结束和领导更迭

与此同时，公司也面临着内部调整。利维于 2011 年 3 月卸任丝芙兰 CEO，2012 年 1 月 1 日因病去世。2011 年 3 月 31 日，在宝洁公司全球护发部担任负责人并负责各种业务板块达 28 年之久的克里斯托弗·德·拉蓬特（Christopher de Lapuente）荣任丝芙兰全球总裁兼 CEO。LVMH 创始人、董事会主席兼 CEO 伯纳德·阿诺特（Bernard Arnault）对这位新领导寄予厚望，希望他的国际化经验能够帮助丝芙兰完成扩张目标。他表示，"克里斯托弗·德·拉蓬特加入 LVMH，成为董事会一员和丝芙兰负责人，将为这个团队带来丰富的国际化经验；他的技能将成为丝芙兰全球增长的珍贵资产，并将有助于 LVMH 取得持续成功。"

## 剑道品牌与蕾哈娜公司的全球知名合作

不久，拉蓬特开始进行机构调整。2014 年，他请戴维·苏利泰亚努担任剑道品牌（LVMH 的"美妆品牌孵化器"）的 CEO。2001 年以来，戴维·苏利泰亚努成功带领丝芙兰美国完成了一系列快速扩张。剑道是"can do（能行）"的谐音，也是为丝芙兰的全球销售渠道和丝芙兰之外的高端零售商研发下一代美妆产品的创意孵化中心。苏利泰亚努要引领位于旧金山的剑道为 LVMH 研发新品牌，与新品牌合作及收购新品牌。这些品牌包括拜特（Bite，可以吃的口红）、凯特方迪（Kat Von D）、马克·雅克布美妆

（Marc Jacobs Beauty）。苏利泰亚努担任剑道负责人后不久就与明星、模特、企业家和美妆视频博主蕾哈娜合作发布了一款适用于不同肤色的联名彩妆——芬蒂彩妆。这款彩妆在2017年一经面世就受到广泛欢迎，销量惊人（发售后几周内销售额就超过1亿美元）。

蕾哈娜（Rihanna）有点石成金的魔力，甚至可以说是"白金"。蕾哈娜是在美国公告牌榜上拥有14首冠军单曲的最年轻独唱艺术家。她在全球卖出的唱片超过2.5亿张，获得格莱美奖9次，公告牌音乐奖12次，美国音乐奖13次，位列福布斯全球最高佣金艺人前十名，2012年和2018年两次入选《时代》周刊全球最具影响力人物百强榜单。这些成绩的取得主要源于她强大的社交媒体粉丝群（即使以名人的标准来看）。仅YouTube的粉丝数就超过了650万。如今，她的照片墙（Instagram）官方账号——蕾哈娜的芬蒂彩妆粉丝数超过了850万。这是LVMH旗下化妆品品牌中粉丝数第二多的［贝玲妃（Benefit）的粉丝数为970万］。签署协议时，苏利泰亚努对这个品牌充满期待。"蕾哈娜的芬蒂彩妆就像一艘火箭，将在全球范围内吸引大量不同群体。我们的主打目标群体是明星。"

> **苏利泰亚努与明星、模特、企业家和美妆视频博主蕾哈娜合作发布了一款适用于不同肤色的联名彩妆——芬蒂彩妆。这款彩妆在 2017 年一经面世就受到广泛欢迎，销量惊人（发售后几周内销售额就超过 1 亿美元）。**

苏利泰亚努的期望没有落空。2017 年芬蒂彩妆上市后，前 15 个月销售额就达到 5.7 亿美元——近乎 LVMH 全部香水和化妆品产品销售额的十分之一。这其中包括知名品牌娇兰（Guerlain）、帕尔玛之水（Acqua di Parma）、迪奥香水（Parfums Christian Dior）、纪梵希香水（Givenchy Parfums）、罗意威香水（Perfumes Loewe）、贝玲妃（Benefit）化妆品、玫珂菲（Makeup For Ever）、Kenzo 香水、馥蕾诗（Fresh）、凯特方迪化妆品（Kat Von D Beauty）、弗朗西斯·库尔吉安（Maison Francis Kurkdjian）、马克雅各布美妆（Marc Jacobs Beauty）和茶灵（CHALING）。整个芬蒂彩妆市值 30 亿美元。据福布斯报道，蕾哈娜目前是"全球最富有的女歌手"，身家超过 6 亿美元。比《绯闻女孩》里的 Queen B 还有钱。（根据福布斯排行榜，美国歌手碧昂丝 Beyoncé 的净身家是 4 亿美元，不包括她丈夫的杰伊-Z 的 10 亿美元）。

与蕾哈娜合作、发布蕾哈娜芬蒂彩妆的决定，不仅证实了那些有大量粉丝的明星影响力，还证实了那些拥有标志性和包容性品牌的明星影响力。各年龄段、不同民族、不同背景的人都喜欢蕾哈娜。市场研究公司杰弗里斯的研究分析员斯蒂芬妮·韦辛克（Stephanie Wissink）表示，蕾哈娜和她的品牌通过 40 款色号粉底的发布打破了"只需用非常固定的粉底色号来满足市场需求"的传统观念。芬蒂彩妆不止实现了有意义的营销，还潜在地永久改变了这个行业。这也正是蕾哈娜最初发布这款产品时希望做的事。她在 LVMH 的官网上表示，"芬蒂彩妆是为每个人打造的：为不同肤色、个性、态度、文化背景和民族的女性打造。我要让每个人受益，这就是我打造这款产品的初衷。"

2018 年，LVMH 邀请蕾哈娜超越其化妆品品牌，加入 LVMH 的时尚小屋品牌商店项目，成为第一位掌管 LVMH 重点时尚小屋，也是 30 多年来首位 LVMH 小屋品牌商店的黑人女性。蕾哈娜在接受《时尚》杂志采访时表示，"他们向我发出邀请，我根本不用过多考虑，因为 LVMH 就是一部完备精良的机器。伯纳德·阿诺特（Bernad Arnault）充满活力，他信任我和我的理念。"这个新的奢侈品牌符合她的包容性愿景，要拥有丰富的规格与选择。韦辛克认为蕾哈娜随时准备撼动整个时尚界，就像她对美妆界所做的那样。"芬蒂彩妆的生活方式正如其对美妆界所做的那样，对时尚界发起了冲击。这将提高时尚行业包容性、变革性、全球性和标志性品牌的标准。"

包容性、变革性、全球性和标志性也是丝芙兰品牌所追求的目标。丝芙兰希望成为这些方面的领军者，也希望新领导能带领它实现这些目标。

> **"** 与蕾哈娜合作、发布蕾哈娜的芬蒂彩妆的决定，不仅证实了那些有大量粉丝的明星影响力，还证实了那些拥有标志性和包容性品牌的明星影响力。各年龄段、不同民族、不同背景的人都喜欢蕾哈娜。市场研究公司杰弗里斯的研究分析员斯蒂芬妮·韦辛克表示，蕾哈娜和她的品牌通过40款色号粉底的发布打破了'只需用非常固定的粉底色号来满足市场需求'的传统观念。**"**

## 卡尔文·麦克唐纳荣任丝芙兰美国负责人

拉蓬特聘请卡尔文·麦克唐纳（Calvin McDonald）接替苏利泰亚努担任丝芙兰美国CEO。在宣布这一决定的媒体发布会上，麦克唐纳得到了新雇主的称赞："除了对优越顾客体验的专注外，他的协同领导技巧，丰富的供应商关系资源与经验，在提高收益的同时还具有有效和高效处理业务的能力也是有目共睹的。"在加入丝芙兰美国之前，麦克唐纳曾于2011年担任西尔斯（加拿大）总裁兼CEO（Sears Canada，美国零售业巨头西尔斯集团独立上市的加拿大业务板块）。通过丝芙兰发布会，他受命于"扭转西尔斯在加拿大的不利局势（西尔斯加拿大）。当时西尔斯加拿大的收益缩减已超10亿美元（达45亿美元），并出现毛利率大幅下降。"在这个时期，他成功带领零售及直属业务部门员工开发出"针对产品、创新和完善文化的转型增长计划。"LVMH看重麦克唐纳在推动业务增长方面的能力、领导力和创新力。拉蓬特在一份声明中表示，"卡尔文·麦克唐纳在加拿大两个最大零售集团工作的经历证明他是一位具有远见卓识且才华横溢的行业领袖。我们非常高兴地欢迎他加入丝芙兰美国。他将重点推动丝芙兰在新的和现有市场上的大幅增长，续写戴维·苏利泰亚努创造的业界领军企业的出色纪录。"

麦克唐纳补充道，"加入丝芙兰美国让我受宠若惊，因在美国美妆行业发起的变革，丝芙兰在经营、顾客体验上激发消费者兴趣等方面不断创新而为世人所知。我非常期待与卓越的丝芙兰团队并肩工作，续写戴维领导下所创造的辉煌。丝芙兰美国是令人惊叹的成功故事。我为与这些员工、品牌合作伙伴、顾客和全球的同事共事而感到骄傲和荣幸。我们将共同实现丝芙兰美国下一个阶段的创新和发展。"

所谓下一个阶段的创新和增长与瞬息万变的数字世界密不可分。

## 丝芙兰的数字化转型

丝芙兰是最早开始电子商务的企业，于1998年发布了其第一个网站。然而，丝芙兰对移动革命的转型和适应，在很大程度上是由于朱莉·伯恩斯坦（Julie Bornstein）的领导。2007年苏利泰亚努聘请她担任丝芙兰的市场总监兼首席数字官。2014年,《哈佛商业》杂志上发表的文章《丝芙兰如何通过重组而更具数字化》中,丹尼尔·麦吉恩(Daniel McGinn)采访了伯恩斯坦:如何改变丝芙兰,将它带入数字时代。

伯恩斯坦回忆道,"现在很难想象了""但我加入丝芙兰的时候,移动购物还只存在于想象之中。电子商务从业者还在谋划未来,实体店还没有体验到科技带来的变革。但根据我以往的经验,我认为可以运用科技来让购物变得更高效。"她继续解释说,最初的丝芙兰官网的业务都是外包出去的,她加入公司的时候还没有内部开发团队。伯恩斯坦表示,她成为丝芙兰董事会成员之后最先做的事之一就是启动网络建设。她说,"我建议重视建立数字化品牌的人,并启动公司内部网络开发。"原因是她意识到了"只有打造更强、更灵活的基础,才能在未来实现数字化"的需求。

在公司内部建立网络部门的关键是培养能管理和操作网络的人才。"我们挖到了合适的人才,他们为此付出了热血、眼泪和汗水""不久我们再次发布了网站。这一次网站内容不止产品介绍和购物功能,还建立了能给顾客更好地呈现产品图像和信息以及相互交流的渠道。我们不断改变移动和网络体验来保持紧随浪潮/潮流，根据我们自己的分析来进行调整。拥有内部网络团队是至关重要的。"

伯恩斯坦认为，除了敏锐、灵活、实时满足消费者需求的内部团队，丝芙兰取得成功的关键还在于对数字化的全局思维。"可能不到十年前，诺德斯特龙（Nordstrom，美国高档连锁百货店）这样的公司将线上运营作为完全独立的业务。这对公司运营和企业文化的影响很大。在那个时候，网站扮演着重要角色，是一家公司内部新业务开创的端口。采取了这种做法的公司如今都有了更多网上业务。但从根本上说，这种结构不是以消费者为核心的，如今数字化的发展是传统品牌推动商业数字化的结果。但我相信如果你想成为成功的零售商——或成功的企业，必须最大限度地推进数字化。"然而，最大限度发展数字化并不容易。她补充道，"它需要对我们自身的思维方式、企业结构以及合理的人才雇佣方面做重大调整。基于这些原因，我们尚远未成功。"

改变并不总是那么容易，总会遭遇阻力。对一个多年专注于实体销售的公司来说，让丝芙兰的每一个人用"数字化"的方式思考就意味着用一种新形式去接近顾客。在她看来，这很简单，从某种程度来说与丝芙兰的创始人曼多诺起步开展零售的方式有些类似：把顾客放在核心地位。"我们也尝试着从顾客的角度出发——我希望怎样购物？如何让我的购物体验更好？我的孩子与科技之间的互动将如何预测未来？然后我们开始头脑风暴。公司的营销和IT精英都参与进来。每个团队可以假设对方从未想过的事是可以实现的""不幸的是，在很多大集团里，由于缺乏适合的技术人员，很多优秀的想法都无法付诸实践。我们很庆幸我们有一位优秀的首席技术官。他有着广博的电子商务知识，强烈的主人翁精神，身后还有一支强大的团队。"

> **对一个多年专注于实体销售的公司来说，让丝芙兰的每一个人用'数字化'的方式思考就意味着用一种新形式去接近顾客。**

在美妆零售行业的其他公司都叫嚣着"网上购物是内容营销机器"和"网上购物实现还为时尚早"的时候，丝芙兰选择了"一往无前"，这也让伯恩斯坦自豪不已。她说："我们是第一拨开发出移动阵地的公司，移动销售在过去三年以每年增长100%的速度发展。你需要任用合适的人才并进行正确的投资来支持这个目标。对我们来说，一切都值得。"

> **"在美妆零售行业的其他公司都叫嚣着'网上购物是内容营销机器'和'网上购物实现还为时尚早'的时候，丝芙兰选择了'一往无前'，这也让伯恩斯坦自豪不已。"**

当问到她怎样努力实现这些的时候，她说，"我们对传统营销和数字营销团队进行了重组。这看起来很简单，但有管理大型企业经验的人都知道这可不是小事，需要几个月的规划和破解难题。"她在采访时坦言，这一举措并非一蹴而就，是"循序渐进的过程"。"通过整合团队，我们让投资在不同渠道中组合实现利益最大化，提高效率、提升能力。我们也加快了速度——在如今这个时代至关重要。我坚信这将是未来的发展方向：营销和数字化定会并驾齐驱。"

伯恩斯坦在文中提到大多数公司应该有强大综合能力的首席数字官和首席营销官，也可以由一人兼任。"一个善于分析和创新的组织可以同时发展电子商务和实体店营销。这不仅有益于公司的运营，还会影响公司的根基。"

进入数字时代的另一个挑战就是坚持与时俱进,因为数字时代瞬息万变。伯恩斯坦说,"总有问题需要解决,总有新内容需要构建。""总会出现新的 Pinterest(图片社交平台),新的照片墙(Instagram),顾客总会提出新的交互愿望。伴随新一代的顾客成长起来,又会出现全新的需求。我们在不断地评估各种技术和平台。在丝芙兰总部旧金山,我们以数字化的方式吃饭、呼吸和生活。我们可以及早对一切进行测试,从而降低设计结果的影响。我们停下来寻找下一个消费者痛点需求的时候,就是我们说'在线购物永远不只存在于眼下'的时候。"

寻找下一个消费者触点需要一种新方式来解读他们的商业架构,也就是成为他们所说的"全渠道体验和创新"的业界领袖。

## 全渠道零售领袖

在这之后的几年,丝芙兰更加努力地创新和扩张。到2016年,仅在美国,丝芙兰的业务就占了 LVMH 所有业务量的45%。线上业务在持续增加,逐渐扩展到了新加坡、斯堪的纳维亚、瑞士、墨西哥和中东(阿联酋)。实体店的数量也在不断增加：2017年在德国开设几家店铺，2018年在印度开店，未来将在新西兰开店。LVMH 2017年年报中再次提到两位数的收益增长率和在全球范围内增加的市场份额。"丝芙兰在美国的卓越业绩使其走上高端美妆市场金字塔顶端。"年报还宣布丝芙兰将在一些标志性位置开设新店，包括巴黎的林冠购物中心和纽约刚开业的世界贸易中心。这一次，他们将成功归结于"数字参与和服务"，并指出，"该品牌的战略比以往更倾向于全渠道，将重心放在开发移动应用程序、提供店内数字功能、缩短交付时间上。"这是LVMH在年报中第一次用全渠道这个词来描述丝芙兰战略。

全渠道是指大多数公司和机构在为消费者提供更好体验时所采用的跨渠道内容和物理策略。这是一种交互式沟通和商业策略，用各种渠道作为手段来为彼此提供支持，从而表现出更强的协作性而不是竞争性。换句话说，丝芙兰的在线渠道与丝芙兰实体店零售不构成竞争关系，而是会共同通过提升消费者在对他们来说最方便的时间地点、购买力来完善消费者的购物体验。渠道可能包括但不限于物理地点（独立店和店中店）、线上、移动应用程序甚至社交媒体。

丝芙兰采用多渠道策略由来已久。如同前面提到的那样，它在1998年上线了零售网站，是第一批开启在线购物网站的零售商之一。在此之后，随着零售业受到经济大萧条的重创，大多数实体店关门，转战线上，而丝芙兰则继续增加实体店。在2015年丝芙兰快人一步地开始了多渠道运营，在旧金山的多帕奇区建立了丝芙兰创新实验室。这个新的实体办公空间也提供一些内部项目。就像丝芙兰在媒体发布会上介绍的那样，这些项目"培育、创新和发展丝芙兰企业文化，培养丝芙兰下一代领导人。"

## 探寻科技前沿

新项目让丝芙兰美国的总裁兼CEO卡尔文·麦克唐纳兴奋不已。他说，"创新意识始终在我们的血液中流淌。我们作为第一个勇于跨越化妆品柜台，带给顾客真正美丽体验的先行者，打破了世人对美的狭义理解。我们希望秉承这种精神和韧性。新实验室将挖掘我们全美14000名员工的集体创造力，培育新一代领导人，让丝芙兰的数字化未来更美好。"

麦克唐纳认为，创新实验室将为团队提供一个空间，在这里他们可以"想象、试验、造梦和学习。作为新想法的孵化器，实验室团队将负责搜寻、开发、评估、测试并最终发布适用于实体店和网上购物的新产品和新技术。"他在公告中指出该实验室过去曾与谷歌、苹果等公司合作，并计划未来将"通过实验室项目评估其他的战略联盟。"

除新科技和联盟外，丝芙兰还宣布已经在实验室创建了智库，用以"培育下一代领导人"。"他们将提出零售业的'下一个宏大想法'。"麦克唐纳说，智库团队成员每月集结一次，共同探讨"未来5年的购物方式"。

除智库外，实验室还将评估所谓的"创意中心"。这是一个以员工为主导的创意项目，吸收公司在全美任何职位的员工点子。

伯恩斯坦就丝芙兰发布建立创新实验室的消息指出，"我们全面关注如何让购物更高效、更智慧和更充满乐趣。""我们花大量时间从顾客的角度去思考，以此来打造新技术和促成与旧金山湾区的技术类公司合作，开发有益于新购物方式的创造性解决方案。"

官宣建立创新实验室的公告中还提到了该实验室已经创造出来的4个特别的线上体验与服务功能。第一个是为顾客量身打造的"灯塔",也就是个性化通知系统。消费者在店内消费后会在手机上接到生日通知、会员项目升级通知,以及培训和现有服务通知。另一个是"口袋轮廓"体验。丝芙兰模仿明星卡戴珊(Kardashian)带火的轮廓妆容,与首个跨平台个性化虚拟美妆艺术应用程序"描绘我的美丽"(Map My Beauty)合作,推出了模拟妆容程序。该程序可以通过分析消费者的照片来帮助爱美的消费者分析确定自己的脸型,从而确定适合他们的妆容,并为他们提供分步的美妆指导。

公司还宣布将发布适用于 iPhone 手机的丝芙兰 Go (Sephora-to-Go) 移动应用程序,提供增强现实应用体验。有了这款应用,顾客就可以通过点击摆在丝芙兰橱窗和柜台里的诸如罗拉玛斯亚(Laura Mercier)、约希·麦兰(Josie Maran)、凯特方迪(Kat Von D)等化妆品品牌的创始人头像来了解定制内容。消费者可以通过手机扫描图像,浏览品牌创始人的采访记录、产品视频、动画 GIF、各种 YouTube 视频播放列表,以及丝芙兰官网上的产品页面。这一切都能在应用程序内完成。最后,还发布了为常客打造的智能化妆品商店(Sephora Flash)。加入该店会员的人可以享受所有商品两日免费运达和免费办理丝芙兰美容行家红色会员卡。这和风靡已久的亚马逊 Prime 服务很类似：亚马逊 Prime 也为会员提供免费送货服务。

> "'创新实验室和专注的管理团队给了我们开创创新未来的绝佳机会。'丝芙兰创新实验室时任副总裁布里奇特·多兰（Bridget Dolan）如是说。他当时的职责是领导实验室和团队。'基于我们在数字和技术场景中的核心地位，我们可以更清楚地掌握消费者以及实体店和线上购物的趋势。这些都可以融入丝芙兰的消费体验中。我们对开发技术和与新兴技术公司合作孜孜以求。这在现在看起来可能是意想不到的，但是却可以界定零售业的未来。'"

## 推出新技术

在创新实验室正式命名之前，丝芙兰就花费大量时间和资源来打造数字化和技术体验。其中包括最早的丝芙兰 Go 移动应用程序。"我们认识到线上是整合所有零售渠道的附加项目，为消费者的跨渠道体验提供了关键支撑。"

多兰如是说。这已经成为苹果公司的票券（Passbook）应用程序的一部分。但随着丝芙兰Go移动应用程序的发布，我们就可以用Cashstar（一款线上礼品应用程序）运营的云平台来提供线上数字礼品服务。

塑料礼品卡在当时无法实现在线兑换，这对很多丝芙兰热衷者来说是难以接受的。如今，丝芙兰已经提供数字礼品卡。多兰认为，线上购物是一种"重要方式"。消费者可以通过这种方式来寻找产品，创建愿望清单，然后进行购买。有了这种新技术，购物者就可以用丝芙兰Go（Sephora-to-Go）移动应用程序或者自己喜欢的手机钱包应用[如苹果的钱包（Wallet）]来申请、兑换、存储数字和塑料礼品卡。除了可以从任何平板电脑、智能手机或电脑发出数字礼品卡申领指令外，消费者还可以用自己喜欢的图片或视频来定制数字礼品卡。他们可以更新自己的礼品、添加美妆服务电子卡（持卡人可以在店内获得免费化妆45分钟的服务）。

> **塑料礼品卡在当时无法实现在线兑换，这对很多丝芙兰热衷者来说是难以接受的。如今，丝芙兰已经提供数字礼品卡。多兰认为，线上购物**

是一种'重要方式'。消费者可以通过这种方式来寻找产品、创建愿望清单、然后购买。"

根据 CashStar 所做的一项研究,在运营这款移动应用程序之后,丝芙兰数字礼品卡的初始价值提高了,兑换礼品的速度加快了,兑换礼品的客单价(每一位顾客平均购买商品的金额)更高了。但最重要的结果是丝芙兰数字礼品卡的收益同比增长了 7 倍。在应用程序发布仅一年后,数字礼品交易量增加了 90%。多兰认为这是巨大的成功。他补充道,"我们有 51% 的数字礼品卡在一个月内就进行了兑换,而塑料礼品卡的兑换比率是 33%……我们希望数字礼品卡兑换成为正在努力推动多渠道增长的零售商的特点。我们期待在这个领域永远处于最前沿地位"。丝芙兰 Go(Sephora-to-Go)目前简单地称作丝芙兰应用。消费者可以在这里购物、虚拟化妆、查看独家商品和奖励品兑换,甚至是激活"店铺模式"服务。

## 让这款应用和多渠道体验更进一步

如今,我们接触的大多数公司有多种渠道和应用程序。我们理所当然地认为可以通过到实体店、在线和利用应用程序来完成从银行到购物的所有业务。我们甚至可以通过社交媒体投诉、好评和与公司交流。但在这一点上,丝芙兰真的快人一步,不止在美妆和化妆品行业发挥了引领作用,也改善了整个零售业。

2017年10月发表于《格鲁斯》(Glossy)杂志的一篇文章《丝芙兰多渠道零售负责人:"我们必须超值服务"》中,普里亚·饶(Priya Rao)采访了丝芙兰多渠道零售部的这位新上任的负责人玛丽·贝思·劳顿(Mary Beth Laughton)。在采访中,劳顿介绍了自己的新岗位职责,表示自己的目标是全面整合丝芙兰实体店和电子商务工作,从而为消费者提供更完善的多渠道服务。

她谈到的更完善的多渠道服务于2018年1月发布,那就是丝芙兰商店伙伴应用程序。按照承诺,该程序的服务内容是:在消费者走进商店后为其提供店内购物陪伴服务。普里亚说,"它会把消费者以往购物信息和个性化产品建议推送给消费者",她还提及了丝芙兰如何与谷歌合作借谷歌智能家居控制中心(Google Home Hub)的语音辅助设备整合谷歌助手和丝芙兰著名的YouTube视频。劳顿说,"我扮演这个角色一年出头了,以消费者为核心将实体店与数字团队整合在一起是我们最大的成就""整个工作的核心理念是做对消费者有益的事,通过我们的多渠道为消费者提供简单而又富有个性化的购物体验。"

> **" 整个工作的核心理念是做对消费者有益的事,通过我们的多渠道为消费者提供简单而又富有个性化的购物体验。"**

在介绍丝芙兰整合实体店购物体验和数字购物体验怎样为双方都带来益处时,劳顿说,"在今天的零售环境中,'多渠道'或者用多渠道的视角来看待一切是至关重要的,因为我们的消费者期望很高。我们不能只是提供他们想要的,而是要想在他们前面,做对消费者有益的事。我们要用我们所能达到的最好状态来服务在任何地方购买我们产品的顾客。"

她补充道,丝芙兰意识到了"移动现已成为每个人的生活核心",是消费者行为的主要动力。通过利用在不同触点获得的数据,丝芙兰不仅掌握了消费者在哪里购物,还了解了他们的购买目标以及购买形式。她说,"我们的消费者一开始先是在家里或者坐车的时候通过我们的应用程序查询商品;然后,消费者第一次购买我们的商品会选择在实体店。我们看到有些顾客只在实体店购物，而有些顾客只是一开始会在实体店购物，在熟悉我们的品牌之后，就会只在线上购买。"

> 她补充道，丝芙兰意识到了'移动现已成为每个人的生活核心'，是消费者行为的主要动力。通过利用在不同触点获得的数据，丝芙兰不仅掌握了消费者在哪里购物，还了解了他们的购买目标以及购买形式。

在进一步整合实体店和线上购物的过程中，丝芙兰发布了"丝芙兰正发生"应用。虽然这是一款数字应用，但它与零售环境相连。劳顿说，"它展示了我们实体店里可以发生的一切，如各种活动、课程、服务和品牌发布等。然后当顾客走进商店时，就会有很多电子工具帮助他们回顾之前的线上体验。"

## 在实体店增加数字工具使用

作为多渠道营销领导者，丝芙兰努力做好的一件事就是将数字化带到实体店。除了丝芙兰 App 和"丝芙兰正发生"数字中心以及其他类似的功能，丝芙兰还发布了"丝芙兰虚拟艺术家"应用。这是一款可以在高端店铺使用的增强现实应用。消费者可以"拍照并尝试"，通过上传任何头像或图片来作为贴图覆盖自己面庞。消费者还可以在这款应用中以虚拟的方式"试用"各种丝芙兰系列产品。

这款应用虽然为公司带来了惊喜，但也带来了全新层面上始料未及的问题。2018年，伊利诺伊州的一位女士起诉了丝芙兰和美容电商ModiFace有限公司（一家软件公司，开发了动态虚拟试妆的增强现实应用平台），原因是"侵犯隐私权"。她声称"丝芙兰虚拟艺术家"应用"拍摄的不只是照片"。据网站库克县记录的信息，奥斯特·萨考斯凯特（Auste Salkauskaite）依据《伊利诺伊州生物信息隐私法案》以个人名义并代表"有类似情况的个人"在库克县巡回法庭发起上诉。

原告称进入虚拟艺术家应用时被要求提交个人信息，而这个信息准入"以试图向她销售的目的而被扩散出去"。

法庭记录显示，萨考斯凯特认为丝芙兰美国有限公司和ModiFace有限公司应以书面形式告知消费者他们的"生物信息被搜集以及捕捉、搜集、存储和使用顾客生物信息的条款"。法庭记录显示，原告要求陪审团给出审判，并寻求"禁止令救济、法定赔偿；金钱赔偿，平衡救济、惩罚性损害赔偿、裁判前利息和裁判后利息。"本书撰稿之时，案件还在审理中。以下问题被摆在公众面前：消费者是否意识到他们的信息是如何被搜集的？他们使用这些程序的服务的时候或者通过公司的任何渠道与它们互动时，是否意识到公司搜集他们的信息主要目的是进行进一步的营销呢？

2008年在伊利诺伊州通过了唯一一部保护个人对侵权损失的《生物信息隐私法》（BIPA）法案。BIPA要求在伊利诺伊州运营的所有公司遵守相关规定，其中包括在搜集或披露个人特征、编辑或使用生物特征之前，要及时征得当事人同意，并妥善保存相关信息。

丝芙兰没有回应处理库克县的网络数据记录，似乎在继续逃避赔偿，后来这个案件从库克县巡回法庭转移到了美国北部地区地方法院。

尽管身负棘手的诉讼，丝芙兰并没有停止将数字化和数字体验不断进行实践的努力。他们将"数字化带入实体"的另一个方式是将实体体验全面融入数字世界。所有的美妆顾问（丝芙兰员工）都经过全面培训，都可以与消费者的手机互动。一位顾客在店内化妆之后，美容顾问就可以把这次试妆用到的所有产品以邮件形式发给顾客，这样顾客回家之后，如果他们有需要的话就可以联系美容顾问，或进一步购买更多商品。"这是通过我们的全渠道来创造个性化接触"，劳顿补充说道。

## 个性化和创建定制购物体验

丝芙兰并不是唯一一家认识到个性化是美妆时尚业大热趋势的企业。20年来这种趋势无处不在，而且没有改变的迹象。消费者要的就是个性化和定制体验。我们希望奈飞（Netflix，一个流媒体播放与制作平台）根据我们历史收看纪录来分析我们的观影喜好，以此来进行排片。我们期待我们的手机知道我们每天早上上班路上要去星巴克，并告诉我们在交通拥挤的情况下要用几分钟。我们甚至希望我们的冰箱告诉我们杏仁乳和白爪汽水酒快喝完了。我们不喜欢对具体情况只能猜测的状态。我们希望不只我们朋友、家人懂我们，商家和物品也懂我们。

劳顿认为，"未来就是将非常私人的面对面交流转化为数字交流以及相反的过程。"

> **未来就是将非常私人的面对面交流转化为数字交流以及相反的过程。**

丝芙兰以许多不同方式满足了这种需求。第一，和大多数公司一样，丝芙兰使用CRM（客户关系管理）工具上的数据。该工具用于跟踪消费者与丝芙兰之间的每个触点。丝芙兰搜集一切信息——消费者从哪儿浏览了丝芙兰店铺（在照片墙上的广告、博主推荐、谷歌搜索、推文、广告或电子邮件广告等），仔细阅读了哪些产品页、在店里待多久、寻找哪些商品，最终将哪些商品放入购物车。丝芙兰也会用CRM工具之外的方式捕捉信息。他们还有其他的数字工具。其中最特别的是肤色识别设备色彩IQ（Color IQ）。色彩IQ是一个手持设备，只能在店内使用。美容顾问将设备靠近消费者的脸部，就会分析出完美匹配他们的肤色的美妆方案。一旦捕捉到数据并将其添加到消费者的美容档案中，丝芙兰就可以给消费者发邮件，移动应用给他们推送消息，甚至推荐与他们的肤色相匹配的免费产品。

## 通过分销商务来接触消费者

丝芙兰为消费者提供个性化服务和接触消费者的另一

个方式是通过劳顿所说的"分销商务",也就是针对消费者"希望像了解朋友那样更深入地了解品牌和零售商"的需求发展服务。这意味着"消费者的时间主要花在聊天、发消息、社交软件和语音辅助上,尤其是年轻消费者。"劳顿意识到丝芙兰要在这些渠道上成为领袖。他们采用的一个方式就是在所有社交媒体虚拟在线,主要通过网红、美妆视频博主、推广丝芙兰产品的博客博主。但最主要的差别在于丝芙兰在官网上建立了自己的线上社区。消费者可以在那里建立个人档案、入群、浏览不同主题,并与其他成员加关注和交流,或与品牌直接对话,关注美妆和健康新闻。社区中还有一个全面的照片艺术馆。社区成员可以浏览、粘贴照片,从其他会员发布的照片中寻找灵感。会员还可以参加专属活动和线下"社区聚会"。

丝芙兰网站上对该社区的定义是"真实的人、真实的时间、真实的交流。寻找美妆灵感,提出问题,获取建议。"你准备好了吗?社区目前有超过42个群,从"护肤意识"到"眼部护理面面观""前所未有的秀发""美唇爱好者",还有备受欢迎的"当前潮流"群,关注最新的美妆潮流和新品。还有一些群侧重关注特殊皮肤问题,"易长粉刺皮肤""混合皮肤""油性皮肤""干性皮肤"和

"逆龄";另外,还有关于不同生活方式的群,为那些每日简妆爱好者打造的"极简化妆",为那些追求细节的人打造的"精致顾客",还有"妈妈专享"。

还有一些内容更宽泛的群,如为"晒黑或肤色暗沉但追求美貌的人"打造的"深色妆";还有为"同性恋者、非二元性别者、对美有特别要求的人"打造的"跨性别也是美妆容";甚至有一个"化妆的男人"群,其专属语是"你最喜欢的工具箱里面也可以有腮红刷"。

他们的客户服务群在北美太平洋标准时间周一至周五的早6点至晚10点,周六周日早8点至晚9点提供在线服务。然而,这对丝芙兰来说更像是诅咒而不是祝福。迅速看一眼页面上的主题,那些不满的顾客就会毫不迟疑地在网站论坛上表达不满。其中一个话题"100美元红色奖励卡是垃圾"就是一些消费者在网上表达对丝芙兰兑换礼品奖励感到不满的例子。(很明显,这确实反映了大问题)"对失败10次感到不满。这是我第四次用周二午休时间在奖励市场搜索,希望把我的积分兑换成100美元红色奖励卡了,然而又没成功……"这个帖子的作者"多莫什"(Domos)用了很长的篇幅来描述她尝试兑换积分而反复失败的各种经历。下面有很多人加入讨论，分享类似的抱怨，表达对多莫什的同情。同其他的社交媒体网站一样，群成员可以回复、浏览和点赞。

丝芙兰客户服务团队对顾客的不满和反馈进行回复并努力解决他们的问题。这就像是把家丑外扬，但是这样做的好处是丝芙兰能够实时知道顾客的问题并及时解决。另一个好处是，由于只有美容行家社区的成员可以加入这些群，所以它们同像脸书或照片墙这样的公共论坛不一样，虽然顾客也可以通过这些社交平台自由地发表意见，而丝芙兰的这些社区群大多数是积极、友好和互助的。社区成员通过分享购物和使用经验，为他人提供有益建议，影响他人去购买他们最喜欢的产品，而这才是关键点。

> " 还有一些内容更宽泛的群，如为'晒黑或肤色暗沉但追求美貌的人'打造的'深色妆'；还有为'同性恋者、非二元性别者、对美有特别要求的人'打造的'跨性别也是美妆容'；甚至还有一个'化妆的男人'群，其专属语是'你最喜欢的工具箱里面也可以有腮红刷'。"

## 运用达人、播客、YouTube 来传播品牌信息

也许你恰好从未在社交媒体上看到过这些达人发的任何内容或者从未听说过他们。这些达人不是丝芙兰的员工。在某些情况下，丝芙兰甚至不会给他们报酬（尽管他们是专业的有偿推广达人或赞助博主）。他们中的大多数是丝芙兰所谓的"达人"或试用产品并把试用体验分享在社交媒体（脸书、推特、照片墙和Pinterest）上（并加#和/或他们用过的产品名及#丝芙兰名称）的普通人。那些付费达人则需要通过更复杂的申请流程。他们的官方名称是#丝芙兰大使。

2019年2月，新一批付费达人从15000名申请者中脱颖而出，加入"丝芙兰大使"团队。在《快公司》杂志上为丝芙兰撰写公告的伊丽莎白·塞格兰（Elizabeth Segran）说，"过去，丝芙兰在小的项目上与达人合作——如广告宣传活动、品牌发布等"，但#丝芙兰大使将成为更长期的合作项目，一个让达人在内容领域有更大自主权的项目。

丝芙兰目前的营销总监黛博拉·叶（Deborah Yeh）

说,"这些达人的任务将是评论特定的产品或做广告宣传。这会让丝芙兰融入这些更小的社区,参与到线上已有的交流中。""我们希望听到遥远地方的声音。我们越包容,就越能展现我们在美中所感受到的愉悦感和多元化。"

除了利用来自不同背景、生活方式和地点的付费达人,丝芙兰还在推进多媒体模式,甚至加入了广受欢迎的播客。2018年,丝芙兰与新媒体女孩老板传媒(Girlboss Media)合作制作了令人热血沸腾的播客"口红故事"——故事讲述了斗志昂扬的女性领袖(女孩老板)的故事,她们包括坷拉(Cora,有机卫生棉条订购服务提供者)公司的创始人莫莉·海沃德(Molly Hayward)、远行(行李箱公司)的联合创始人和CEO詹·卢比奥(Jen Rubio)。这个每集30~40分钟的联合制作的播客视频中还有对领袖时尚和美妆达人及思想界领袖的采访,比如患有肌肉萎缩症的模特吉琳·默卡多(Jillian Mercado)和谦逊的时尚博主马尔瓦·梅梅·比勒塔吉,还发布了关于丝芙兰最新系列产品口红的内容。

> **" 除了利用来自不同背景、生活方式和地点的付费达人,丝芙兰还在推进多媒体模式,甚至加**

**入了广受欢迎的播客。"**

## 丝芙兰在 YouTube

丝芙兰的 YouTube 账号有 125 万粉丝。它是爱美者的宝藏，里面有专家、大使团成员、名人和美妆美发艺术家提供的课程、私人指导和小妙招。主题从如何遮盖黑眼圈到如何成为一个最佳猫眼杀手，不一而足。入驻 YouTube 的最主要原因是为了销售和营销产品，通过指导消费者如何使用产品或通知消费者新品上市来实现。同时，YouTube 似乎也是合作的绝佳平台。很多美妆达人的粉丝多达 3200 万人。与受欢迎的美妆艺术家或有着敏锐时尚嗅觉初露头角的美妆大亨合作是很有商业头脑的。比如，胡达·卡坦（Huda Kattan）是一位美妆艺术家。她从分享日常化妆技巧，最喜欢的粉底，如何拍出完美自拍照起步。如今，她的品牌胡达美妆已在全球的丝芙兰店铺销售。

## 丝芙兰和谷歌

除优化社交媒体、招募达人、发布播客视频外，丝芙兰还找到了接触消费者的另一个机会——以语音为基础的技术平台，如谷歌家庭控制中心。2018年，丝芙兰宣布与谷歌合作"为消费者带来独特的美感指令和YouTube视频相结合体验。"谷歌家庭控制中心的持有者可以在不切断自身化妆过程的前提下使用谷歌家庭控制中心来播放丝芙兰的任何视频指导。一些可能的指令包括：

嘿谷歌：播放丝芙兰粉底使用视频。

嘿谷歌：播放丝芙兰每日轮廓指导视频。

嘿谷歌：播放丝芙兰画眉视频。

嘿谷歌：播放丝芙兰醒目唇色视频。

作为合作内容的一部分，丝芙兰将在在线商店和其他一些地方销售谷歌家庭控制中心。在发布谷歌家庭控制中心之前，丝芙兰已经掌握了一年前发布谷歌助手的第一批声音空间技术。这个程序可以让用户订购美妆服务、玩答问比赛游戏、听美妆播客。有了新款谷歌家庭控制中心，消费者就可以更方便地购买丝芙兰商品，甚至使用"丝芙兰皮肤护理顾问功能来找到离自己最近的店铺、获得护肤妙招、了解自己的肤质。"丝芙兰欧洲和中东数据部的安妮韦罗·妮克·贝拉克（Anne-Véronique Baylac）说，"声音辅助和最近流行的声音激活扬声器不仅仅是一种风尚，更是细微的数字化变革前奏。丝芙兰希望在这个领域成为先驱。有了这些最初的功能，以及与谷歌的合作，我们计划测验声音辅助零售的前景和消费者的反应。"

> **声音辅助和最近流行的声音激活扬声器不仅仅是一种风尚，更是细微的数字化变革前奏。丝芙兰希望在这个领域成为先驱。有了这些最初的功能，以及与谷歌的合作，我们计划测验声音辅助零售的前景和消费者的反应。**

丝芙兰的数字和创新战略是以消费者为核心的。所有的创新、可使用技术、数字和物理体验的创建都是以消费者为中心的。每款产品和每种体验都经过精心设计，目的是让购物变得更简单、更便捷、更个性化。虽然丝芙兰被认为是"以科技为基础的零售"行业的先驱之一，但它仍然面临着尖锐的学习曲线和难以逾越的灾难，其中最主要的是出现的各种丑闻、诉讼以及高调的网红威胁都破坏了丝芙兰看上去"无懈可击"的基石。

"一个零售企业或品牌面对种族偏见指控或其他公共关系危机所做的最糟糕的事就是'闭上眼睛希望它自行结束'。一般说来,它是不会自行结束的。"

——罗恩·特罗西安

(RONN TOROSSIAN),

5WPR公司总裁兼公共关系部首席执行官

# 第四章 从辉煌到丑闻

尽管丝芙兰不因保持低调而出名，但它却努力地避免伤害。多年来，丝芙兰总是深陷丑闻的旋涡。从21世纪初期开始，丝芙兰就面临着很多诉讼——来自品牌合作伙伴、消费者、名人和竞争对手发起的诉讼。丝芙兰还卷入了一些多元化和包容性事件的核心，被指控存在公然歧视行为。如前所述，2000年，丝芙兰以侵犯商业外观为由起诉了梅西百货。正当丝芙兰起草上诉书，与对手对簿公堂之时，其集团内部矛盾也在不断发酵。在很多案件中，丝芙兰因反应迅速被予以肯定，而在另一些案件中，丝芙兰也却因为应对不善而遭到指责。所有案件都有宝贵的经验和教训，值得丝芙兰和其他零售企业深思和铭记。

"多年来，丝芙兰总是深陷丑闻的旋涡。从21世纪初期开始，丝芙兰就面临着很多诉讼——来自品牌合作伙伴、消费者、名人和竞争对手发起的诉讼。丝芙兰还卷入了一些多元化和包容性事件的核心，被指控存在公然歧视行为。"

## 丝芙兰被员工指控歧视

2003年，曾在目前已关闭的纽约洛克菲勒中心工作的5名丝芙兰前员工声称，他们在丝芙兰工作时被禁止说其母语西班牙语，这侵犯了他们的公民权利。这些员工来到平等就业机会委员会以自身名义受损为由提起诉讼。《纽约时报》报道，这些女士声称她们在说母语时受到谴责。她们的领导"模仿她们的口音，嘲讽她们的文化。"这些丝芙兰前员工说她们当时越是抱怨，"对方就越变本加厉。"其中一位女士马吉拉·戴尔·罗萨里奥（Mariela Del Rosario）说，"他们告诉我们，就算在午休时间，也不能说西班牙语……我明白在工作时不能说西班牙语，但为什么午休时间也不行？"E.E.O.C.律师事务所的律师雷切尔·亚当斯（Raechel Adams）指出，这些女性员工要么离职了,要么因为抱怨受到歧视而被解雇了。丝芙兰当时的发言人告知《纽约时报》称,"丝芙兰不允许任何形式的歧视。此外,我们没有,也从未制定过所谓的工作场所'只能说英语'的规定。"

这起案件拖延了几年。2007年9月,该案件以"同意令"结案,但这个同意令并没有被记录在案。密歇根大学法学院的民权交易所认为,丝芙兰有义务根据判决支付56.5万美元赔偿金。

## 丝芙兰遭遇消费者歧视集体诉讼

人们可能会认为歧视诉讼会推动企业内部变革——至少也会进行有关多元化和包容性的内部培训(丝芙兰确实有这样的培训)。然而,2014年,丝芙兰再次因歧视而被提起诉讼。这次原告是华裔美国公民。他们不是丝芙兰员工,而是VIB和VIB红卡会员。2014年,丝芙兰对最高级别的会员顾客实行购物打8折优惠。这是一个重磅新闻,但不幸的是丝芙兰官网因访问量太大而崩溃了。很多顾客拨打客服电话要求解决,却发现她们的账号被封了。与此同时,丝芙兰在脸书上发出公告,指责网站崩溃是因为人们试图以折扣价大量购进商品，然后再倒手转卖。丝芙兰已将这些人的账号封禁了。这个公告与亚洲姓名的消费者账号被封一事混合发酵。

不久后，4名华裔美国人对丝芙兰发起集体诉讼，理由是种族歧视。这起案件上诉到曼哈顿联邦法庭，声称这些女性消费者账号被封的原因只是因为她们的姓氏是中国姓氏，同时指出遭受这样不公正待遇的人可能还有数千人。路透社发表的一篇文章指出，4名原告还声称她们在丝芙兰花数百美元购买商品累积的所有奖励积分都没了。这些女性消费者遭受到了难以言说的损失。法院下令禁止丝芙兰公司继续相关操作。

《全球化妆品新闻》指出，2017年，加州联邦法官判决丝芙兰解决这起集体诉讼。丝芙兰为了解决这件事，准备赔偿95万美元给那些因此事导致账号被封的人。"丝芙兰强烈否认其封锁了中文域名邮件地址的账号，指出全球消费者都因丝芙兰官网'暂时中断'而受到影响。"之后丝芙兰发出官方公告，"截至2014年11月4日，（i）任何注册邮箱地址是@qq.com，@126.com或@163.com的VIB或VIB红卡会员，（ii）账号在2014年11月6日或该日期前后被封，（iii）在2014年11月无法使用美容行家账号在丝芙兰官网购物的消费者可以于 2017 年 4 月 3 日之前索赔。"这些个人赔偿（取决于有多少人索赔）将以最高 125 美元现金或价值 240 美元礼品卡的形式偿还。

## 丝芙兰员工指控丝芙兰种族脸谱化以及丝芙兰的回应

正当这起集体诉讼案于当年 8 月逐渐平息之时，丝芙兰又遭遇了另一个公关噩梦。一位丝芙兰员工被指责对消费者种族脸谱化的视频在网上大肆传播。一位名为 @Leek12leeek 的推特用户声称她和另一位女性认为自己遭到了种族脸谱化待遇。她们在购物中被多次打断，一名员工甚至让当日执勤的保安将她们赶走，因此她们与丝芙兰员工发生对峙。在她的推特账号上，@Leek12leeek 上传了她与丝芙兰员工对峙的视频。那名员工说，"我是有后台的。"对这一点，@Leek12leeek 只是简单地请推特网友们来"评评理"。

丝芙兰回复了这条推文，直接道歉并公开提问，"我们对您的购物体验致歉！""您可以给我们私信，告诉我们您去的是哪家店吗？"

这件事似乎解决了，没有后续信息了。看上去@Leek12leeek也只是在推特上发发牢骚，没有让这件事进一步发酵。

然而，当高调的R&B歌手索拉娜·伊玛妮·洛维（SZA）指出她在2019年4月也遭到了种族脸谱化后，事态迅速升级。她在纽约的专业时尚网站Refinery29上发出信息称，她成名前曾在丝芙兰护肤部工作，但当她去丝芙兰加州卡拉巴萨斯店购物时，她遭到了种族歧视，被举报有偷窃行为。她也在推特上发声，表示："丝芙兰加州卡拉巴萨斯店的店员勒茅·桑迪（Lmao Sandy）叫保安来确认我是否在偷东西。我们进行了很长时间的对话。"

发文一出，推特立即炸锅。她的很多粉丝来维护她。就像他们说的那样，丝芙兰没有立即回复，而是第二天才回复称，"您是丝芙兰大家族的一分子，我们承诺让每一个家族成员在我们的店铺感到宾至如归。"这一次，丝芙兰给公众的印象是他们十分重视这件事。丝芙兰宣布将关闭美国的所有品牌直营店、分销中心以及办公室，以便对员工进行多元化培训。丝芙兰在发表的一份关于闭店的声明中提到"我们美丽"项目，表示该项目同时关注员工和顾客的包容性。丝芙兰补充道,"将朝着创建一个体现多元化、鼓励自我表达、对所有人敞开怀抱的社区方向不断努力,永不止步。"

## 一个合适的回应还是准备已久的计划?

根据《福布斯》于丝芙兰内部培训前一天发表的文章,尽管事情看上去是丝芙兰迅速处理了这个事件,但丝芙兰表示,在SZA在推特上发文之前,丝芙兰就已经开始计划开展这类反种族歧视的培训了。此外,"我们美丽"项目已经酝酿了一年,而闭店一小时,对两万名员工进行内部培训的计划也作为这个项目的序曲规划了半年。SZA事件只是不幸地(或者说讽刺地)发生,恰逢其时。但丝芙兰也在一份声明中承认SZA在推特上发文确实"强化了归属感比以往任何时候都重要的认识"。

然而,根据《福布斯》高级撰稿人乔安·沃顿(Joan Verdon)的说法,培训和活动酝酿已久,却只进行了一小时,而不是一整天,这是一个重大失误。她强调,"如果说内部培训是长期规划营销活动的一部分,那么丝芙兰就失去了在应对种族偏见问题时展示自己转变思路,做出正确决策的机会"，作为对照，她分享了一年前，星巴克一名员工的种族脸谱化行为导致两名黑人在费城被逮捕，视频发到网上后公众哗然的事件。因为此事，星巴克闭店一整天，对员工进行相关培训。

她在文章中援引了宾夕法尼亚大学沃顿商学院运营、信息与决策教授凯瑟琳·米尔克曼（Katherine Milkman）（联合创作了多元化和包容性培训"产生不同结果"的调研文章）的话。米尔克曼的研究主要关注一个小时的培训对不同员工的影响。这篇研究成果最近被发表在科学杂志《美国国家科学院院刊》上。研究得出的结论是"一个小时的培训能改变人们的态度，但很难改变人们的行为。"研究还总结道，"要改变行为，雇主可以雇佣更多女性和少数民族担任领导角色，或者改变造成固有思维和偏见的公司流程和政策。"

米尔克曼对沃顿关于丝芙兰培训的思路给出了她的个人意见。她说，"目前不清楚这个培训是否针对当前的事件，我认为这是一个问题。"然而，她补充说应该对多元化培训设定一个时间，闭店后让员工参加培训有一定帮助，但只是提升了员工相关的意识。"员工需要了解这种行为是不能被接受的，以及公司对此非常重视。公众也需要知道公司非常重视这件事……也许这个研究不能证明这种做法能有效解决这个问题，但是它解决了另一个问题。"

> **❝ 员工需要了解这种行为是不能被接受的，公司对此非常重视。公众也需要知道公司非常重视这件事……也许这个研究不能证明这种做法能有效解决这个问题，但是它解决了另一个问题。❞**

在同一篇文章中，沃顿采访了5WPR公司总裁兼公共关系部CEO罗恩·特罗西安（Ronn Torossian）。他曾支持丝芙兰闭店和开展多元化培训。"这能够对外展示丝芙兰很认真对待这些指责，并计划积极应对。"他补充道，"一个零售企业或品牌面对种族偏见指控或其他公共关系危机所做的最糟糕的事就是'闭上眼睛希望它自行结束'。一般说来，它是不会自行结束的。"

## 可能出现的公关灾难

其他评论家的态度并不乐观。他们指出，丝芙兰对这件事的整个处置是一次公关灾难,值得其他公司借鉴。公关公司好莱坞事务所的公关专员布鲁克斯·华莱士(Brooks Wallace)为《公共关系新闻》所撰写的一篇名为《公关失败?丝芙兰否认以正确的原因做正确的事》的文章指出,丝芙兰错过了展现其"更权威更人性一面"的机会。"在任何危机沟通情境中,公众想听到的是一句道歉和认错。这会让一个品牌更有人情味。这也标志一个品牌倾听公众声音,是所有的消费者(包括那些被冤枉的消费者)希望听到的。只需一句简单的'我们道歉,我们听见了你们的声音,我们将努力改正'就足够了。"

华莱士继续说,如果丝芙兰是自己的客户,"我会建议他们的领导出面发表声明,介绍公司从这次经历中学到了什么,对 SZA 将此事公之于众表示赞赏,并宣布接下来一年将努力不断评估公司的多元化和包容性工作,而不是只进行一个小时的培训。也许他们还可以让 CEO 和 SZA 发一个联合声明(可以是短视频的形式,如果 SZA 愿意的话)来表明说出这件事和做出调整是多么重要,展示出他们已经在做修正。表现出谦卑的姿态,主动承认错误,同时表扬 SZA 勇于发声,会让丝芙兰走得更远。让一位高层领导(如 CEO)去做这件事可以向外界展示丝芙兰对此事的重视程度。"

业内的其他公共关系专家对此表示赞同。绿屋公司（Green Room）的副总裁帕特里克·格瓦斯（Patrick Gevas）说，"向公众宣布安排此次培训跟此事无关是不可信的""在如今充满挑战的零售环境中，关闭所有店铺损失巨大，也是难以想象的。这件事还指向招聘和培训员工环节，需全年分步证实员工对多元化承诺的意义。这样当此类事情再发生时，他们就可以迅速根据自己所接受的多元化培训按规定做出回应。这才是更强大的品牌地位，也是一个品牌需要做的正确的事。"

尽管丝芙兰对这个事件的处理方式欠妥，但它迅速而简单地展示了一个员工可能对一个品牌造成毁灭性的破坏，以及招聘和持续培训的重要性。毫无疑问，这常常不是"一个员工的事"。事实上，就在丝芙兰宣布按计划闭店进行全公司多元化培训的前一天，还有另一个高调的明星在推特和照片墙上发文责备丝芙兰员工对消费者的态度。

## #不会再去丝芙兰了

综艺节目《周六夜现场》的前演职人员、女演员和喜剧演员莱斯莉·琼斯（Leslie Jones）曝光了丝芙兰销售人员与经理、她的化妆顾问洛拉·欧坎拉冯（Lola Okanlawon）以及她最好朋友的妻子于 2019 年 6 月 4 日在丝芙兰百老汇店进行的充满敌意的对话。琼斯说她的朋友们在纽约地区的丝芙兰店购物时遭遇了很不好的待遇并"哭着"离开。尽管丝芙兰在她的推特发文下面做出回应，并表示将于第二天开展多元化和包容性培训，琼斯仍认为丝芙兰做得不够。她又在照片墙上发文说："我已经厌倦了。我们在你的店铺消费，就应该得到消费者应有的服务。所以丝芙兰要关闭你的店铺，教你们的员工学会服务。把他们开了再雇一些懂规矩的人如何？因为这样的人还在！！！我累了！！#不会再去丝芙兰了。"

丝芙兰在推特上回复琼斯："@ Lesdoggg 我们对您所说的感到非常抱歉。我们已经通过照片墙与您联系，希望与您和您的朋友取得直接联系。"丝芙兰接下来又在《我们》杂志上发表声明，"作为一家企业，我们致力于为每位顾客提供友好的环境并向自己提出高级的、公开的要求。我们重视莱斯莉·琼斯发布的关于洛拉·欧坎拉冯在丝芙兰购物经历的信息。她所描述的情况违背我们的价值观。我们联系了洛拉，希望得到更多信息。我们将建立包容性社区,让每一位顾客感到受尊重将成为工作的重中之重。我们做得还不够好,也不够完善。我们将继续学习,向这个目标努力。"

从这件事之后,丝芙兰在多元化和包容性方面继续发力——如上面提到过的美容行家群、"我们属于彼此"活动、招募24个有着不同背景和生活方式的#丝芙兰大使网红,甚至他们与消费者对话的方式。在与辛辛那提凯伍德商场丝芙兰店的一位不愿透露姓名的丝芙兰员工对话时,她证明丝芙兰非常清楚对包容性的承诺,甚至强调了其在重视包容性方面所做的努力。她在性别代词的使用上都很小心,会避免用"她"或女性第三人称,而这种用法多年来一直是标准用语。"我努力不做任何假设。永远不。"

然而,影响店铺声誉的不仅是包容性问题。红迪网(Reddit)上有一个专门的主题探讨顾客的"糟糕的丝芙兰购物体验"。这个主题下的消费者有的抱怨那些低素质的丝芙兰员工以貌取人;有的指责在丝芙兰店购物被扒窃或被销售人员一路尾随;有的店员对特定的顾客献殷勤。当然,个人体验就是这样——在网上的描述可能有添油加醋的成分。

## 女性顾客在丝芙兰感染 STD（性病）和公司的回应

当丝芙兰的法律部门和公关团队都在紧张地应对红迪网帖子中涉及包容性、多元化、歧视和愤怒的主题等问题时，丝芙兰又遭遇了另一件不幸的事。一位顾客于2017年发起诉讼，声称在洛杉矶（好莱坞和高地购物中心）的丝芙兰店试用口红后感染了 STD 疱疹。丝芙兰的卖点之一就是可以在购买之前试用每件产品。丝芙兰的大多数顾客知道这一点。每个样品展台旁都有棉签和涂抹器，没有乔治·科斯坦扎（George Costanza）（喜剧《宋飞传》中的人物）等级的"蘸两次"的情况出现。蘸取一次、使用之后，你就会把涂抹器扔掉。

丝芙兰的员工也严格按照规定来维护这些样品。然而，《悦己》杂志指出，原告声称她在2015年到丝芙兰店试用了口红之后，确实被奥利弗维尤-加州大学洛杉矶分校医疗中心诊断出嘴唇上感染了疱疹。STD 疱疹是无法治愈的，随时可能发作。原告称，"她在这次购物之前从没出现类似症状。""她起诉这家公司，赔偿她'一生无法治愈的痛苦'以及带来的'精神损害'。"一般不对诉讼案做任何评论的丝芙兰告知《悦己》杂志,"我们顾客的健康和安全是我们的头等大事。我们非常重视产品卫生,我们在我们所有的店铺都进行了最佳的安全操作。"

## 关于疱疹的快速指导

无需赘言,2017年此事的消息一出,在丝芙兰社区人们就开始讨论,甚至担心。丝芙兰的购物体验建立在试用产品并且产品是洁净安全的基础上。那么试用样品造成感染疱疹的概率有多大呢?根据《悦己》杂志的健康记者的说法,"这种可能性不大。"但是肯塔基州立大学公共健康学院流行病学教授和《悦己》杂志撰稿人塔拉·C. 史密斯(Tara C. Smith)指出,"试用口红不是完全没有可能感染上疱疹。"很明显,疱疹病毒可以在塑料表面存活数小时,与在化妆品表面存活的时间类似。因此她说,"感染这种病毒的人可能在原告试用前试用了那支口红。"

**" 丝芙兰的购物体验建立在试用产品并且产品是洁净安全的基础上。 那么试用样品造成感染**

**疱疹的概率有多大呢？"**

而疾病控制中心认为，疱疹病毒会激活神经细胞，在发病之前可能潜伏数年，因此确定何时何地感染几乎是不可能的。这样一来，虽然原告在丝芙兰店试用口红之前可能没有出现症状，也可能已经感染了这种病毒。不管怎样，丝芙兰于2019年解决了这件事，没有公布细节，但丝芙兰在一份官方声明中表示，"我们解决了这件事，但我们仍否认原告的所有指控。丝芙兰的整体零售理念根植于自我发现，我们的目标是满足顾客希望在一个安全、干净的环境中自由探索和娱乐的愿望。我们非常重视产品卫生，将继续遵循最佳操作规范。"

尽管丝芙兰尽全力维护干净安全的购物环境，一些美妆编辑仍建议无论像丝芙兰、犹他（Ulta）和其他一些可以试用样品的化妆品店怎么做，顾客都要采取一些预防措施。换句话说，顾客自己要对自己负责任，在试用样品前要做出自己的最佳判断。

## 医生对在丝芙兰购物的建议

西奈山医学院皮肤病学化妆品＆临床研究部医生乔

舒亚·蔡克纳（Dr. Joshua Zeichner）建议到丝芙兰购物的人遵循以下几点来保护自己和他人：

- 不要直接在皮肤上试用化妆品。先用酒精棉擦化妆品，然后用涂抹器蘸取化妆品涂抹到皮肤上。
- 不要在有裂口的皮肤上试用化妆品。
- 不要试用化妆品店里那些监管不善的样品，因为你不知道之前谁用过它，是怎样用的。

化妆品污染的报道并没有对丝芙兰店铺的客流带来任何影响。丝芙兰如此成功和被粉丝青睐的原因是消费者可以在店里试用几乎所有商品。知情不是一件坏事。人们对卫生操作了解得越多，对每个人就越有好处。知情还倒逼像丝芙兰这样的店铺保持警醒。丝芙兰从一开始就对外宣称要如是做，在店铺里提供了很多用完即弃的工具和清洁用品。此外，丝芙兰还指出自己有训练有素的员工队伍。这些员工被派往不同商场，为顾客使用试用品提供帮助，帮助新顾客试用样品。

丝芙兰在一份2018年发表的针对CBC（加拿大广播公司电台）关于试用装报道的声明中表示，"我们不能对这些结果做任何评论，CBC没有提供关于这些发现或他们搜集信息流程的任何细节，我们能说的是顾客的健康和安全是我们工作的重中之重。我们不仅在各个店铺设置了卫生站，还定期对试用品进行消毒、更换和补充。我们对销售员工进行行业卫生标准培训，为顾客提供好服务。丝芙兰的整个零售理念的基础是自我发现。我们最重要的目标是打造能够满足顾客自由学习和娱乐愿望的浸入式氛围。但我们尽一切努力遵守各种行业的操作规范。我们还为顾客提供试用产品的其他方式，包括销售人员指导，定制样品和能虚拟试用数百种产品的数字工具。"

## 2017 行政令发布后，丝芙兰卷入互联网易访问性诉讼"海啸"

丝芙兰的法律团队在 2017—2019 年忙得不可开交，处理着各种诉讼案。除歧视案外，还有虐待顾客，因卫生问题被指责等。丝芙兰还受到美国残疾人联合会的关注。根据《美国残疾人法案》，每年运营超过 20 周且员工人数超过 15 人的企业网站必须向残疾人开放，就像实体店必须像残疾人开放一样。

"除歧视案外，还有虐待顾客，因卫生问题被

**指责等。丝芙兰还受到美国残疾人联合会的关注。"**

怎样让网站可访问呢?这是一个模糊的概念。美国残疾人法案(ADA)对网站操作没有明确指南。由于没有明确指南和定义,大多数网站并没有把对实体店的要求转化为对网站的要求,这也就导致大量诉讼案的出现。1999年,《网页内容可访问性指南》(WCAG)发布,旨在为那些有视力障碍、听力障碍、认知限制、学习障碍、语言障碍、光敏性和行动障碍的人提供一般性指南。根据Dyno Mapper(可视化站点地图生成器,负责提供站点内容审计服务)的说法,WCAG标准不是"技术专用的",不仅表达得不够清晰,在解释上也有很多问题,因此会引发诉讼案。

2017年,丝芙兰的一位顾客露西娅·马勒特(Lucia Marett)声称自己试图在丝芙兰网站上关闭一个购物页面时出现了问题。由于她几乎没有视力,因此她想用屏幕阅读软件,但丝芙兰网站与这款应用不兼容。丝芙兰发表声明说,网站是万维网联盟依据WCAG要求开发的。她和她的律师——来自李氏诉讼集团有限公司的C. K. 李

（C. K. Lee）和安妮·齐莉格（Anne Seelig）于2017年发起集体诉讼，但立即被以"影响实体权利"为由无条件驳回，理由是"已对所有争论事件做出判决，各方要负担各自的费用和成本。"也就是说：已结案。（"影响实体权利"的意思是案件已结案，永不能再被审理。）我们到谷歌网上简单搜索一下就会发现，马勒特参与了针对多个公司和机构多个相似案件的集体诉讼，包括纽约大都会运输署（MTA）、罗奇堡（ROCHE BOBOIS）、红龙虾（Red Lobester）、波士顿市场（Boston Market）、百格尼利（Baggallini）、高乐氏公司、伯特小蜜蜂（Burt's Bees）、五兄弟汉堡（Five Guys）、阿德菲大学（Adelphi University），甚至全美社会工作者协会。

不用说，表面看上去丝芙兰成为2017网页易访问性总统行政令发布以来诉讼狂潮的靶子。Dyno Mapper（可视化站点地图生成器和关键字跟踪工具）创始人加雷纳·比格比（Garenne Bigby）表示，该行政令将继续"创造一个充满波动和诉讼的环境，尤其是在目前这个规章还不健全的时刻。"比格比认为，这个行政令的一个主要暗示是"目前这种诉讼海啸很可能继续""没有明确的规定，网站的所有者都在通过反复试验的方式为残疾用户

（和普通用户）完善网站的可访问性。"比格比警告其他零售商和企业，"看起来没有哪个网站所有者能保护自己不被起诉。"然而，丝芙兰的法律团队却始终遵守规范，成功避免了支付更多的司法费用。

## 丝芙兰卷入 2018 高校入学丑闻"校队蓝调行动"

当丝芙兰的法律和公关团队忙得不可开交的时候，丝芙兰又一次不自觉地登上头条。丝芙兰的御用达人之一——洛莉·路格林（Lori Loughlin）[《欢乐满屋》中贝基（Becky）阿姨的扮演者]和时尚大亨马西莫·吉安纳里（Mossimo Giannulli）的女儿奥利维亚·金杰德·吉安纳里（Olivia Jade Giannulli）于 2018 年卷入名为"校队蓝调行动"的高校入学丑闻。新闻不仅震惊了学术界，还有美妆达人和娱乐圈。当时，奥利维亚·金杰德有近 200 万 YouTube 粉丝，与丝芙兰进行了奥利维亚·金杰德 x 丝芙兰系列古铜 & 高光彩盘美妆合作，同时与其他一些高端品牌也有合作，如炫诗（TRESemmé）、马克·雅克布美妆（Marc Jacobs Beauty）、Smashbox 美妆、Lulus、Boohoo、Too Faced 化妆品。她还出席了丝芙兰活动,在她的 YouTube 账号和照片墙账号(有 140 万粉丝)中推荐了丝芙兰的各种产品。

根据法庭文件,奥利维亚·金杰德的父母被指控以欺骗手段让她进入南加州大学。事情一出,她的所有合作突然急刹车。据报道,FBI 证实路格林和吉安纳里给了这个学校负责招生的老师里克·辛格(Olivia Jade Giannulli)50 万美元,甚至不惜做假照片,将他们的女儿们包装成赛艇运动员,虽然她们从未参加过训练。

新闻一出,批评家和愤怒的粉丝很快就挖出奥利维亚·金杰德曾在 YouTube 上发布的视频,表明她根本没把精力放在学习上。她在视频中说,"我想要玩耍、聚会的日子。我根本不在乎学校,你们知道的。"#抵制丝芙兰的推文在推特上泛滥成灾,丝芙兰这次反应迅速,于周四发表声明,终止与奥利维亚·金杰德的合作:"在审慎评估近期事态发展后,我们决定终止丝芙兰系列产品与奥利维亚·金杰德的合作,即时生效。"据今日网(today.com)报道,丝芙兰官网上奥利维亚·金杰德的产品线已被"那些要求丝芙兰在丑闻发生之后放弃这条产品线的愤怒评论占据"。而丝芙兰也这样做了。丝芙兰不是唯一一个与奥利维亚·金杰德划清界限的品牌。炫诗(TRESemmé)也发表了同样的声明。那些与她和她母亲有过一次合作的品牌也与她们保持了距离。惠普公司表示："惠普目前与这两人没有任何关系。"

这个案件没有继续发酵。奥利维亚·金杰德的父母被指控包括行贿罪在内的一系列罪名。2019年11月1日，路格林和丈夫不服判决。美国律师安德鲁·E. 莱林（Andrew E. Lelling）指控路格林、吉安纳里和其他一些父母"阴谋通过贿赂南加州大学的职员来让自己的孩子获得入学资格，犯了联邦项目经费贿赂罪。作为回报，南加州大学的职员'指定被告的孩子为体育特长生——全然不考虑他们的运动能力——或者其他重点招生项目的人员。'"除不承认行贿罪外，路格林和吉安纳里还不承认犯有洗钱、邮件诈骗和诚信服务电信欺诈罪。如所有罪名成立，路格林和吉安纳里将可能面临50年监禁。

尽管奥利维亚·金杰德一开始关闭了自己的YouTube和照片墙账户，她后来又重开了照片墙，计划重新塑造自己的品牌，但她没有计划重回南加州大学，丝芙兰也没有重新跟她合作。对于奥利维亚·金杰德在这起丑闻中所扮演的角色，丝芙兰没有发表公开声明，只是分析了这个教训：当网红/他们的父母出现负面新闻时要怎样应对。还有，研究事实表明，快速做出决定，结束合作关系，公开与他们保持距离，再不提这些事。

## 丝芙兰以波姬·小丝的名字命名一款产品以博人眼球

2019年，波姬·小丝（Brooke Shields）起诉著名化妆品品牌夏洛特·蒂尔伯里（Charlotte Tilbury）用她的名字宣传一款价值30美元的眉笔。波姬·小丝有很多很著名的事，如"在她和她的卡尔文之间什么都没有"（她创立的Calvin Klein牌牛仔裤广告语），当然还有她的标志性浓眉。根据2019年5月在加州州法院提起的上诉，"波姬·小丝"牌蒂尔伯里眉笔试图"利用她的标志性眉毛"造势，因此"干扰了小丝推广自己品牌化妆品的能力"。

起诉进一步指出，"从她的职业生涯初期"做《时尚》杂志封面模特和拍Calvin Klein广告的日子到参演电影，小丝的"浓眉一直是她外貌的商标，以及签约和合作的目标"……她的"眉毛成为《造型》《她》和《时尚》杂志这类媒体的形象主题。《时尚》杂志甚至发表了一篇题为《波姬·小丝的眉毛17次成为此间最美之物》"的文章。

根据上诉内容,"蒂尔伯里在使用小丝的名字之前既没有征求她的意见也没有征得她的同意"。用她的名字命名一款眉笔之后,直接"影响了小丝推广一款系列产品的能力。这个未经允许的使用还与她的形象权相冲突。形象权让这位女明星避免任何人在未经允许的情况下以商业目的滥用她的名字和(或)类似信息。"

她指出,Beautylish(美妆平台)、波道夫·古德曼百货(Bergdorf Goodman)、布卢明代尔百货公司(Bloomingdale's)、杰西潘尼百货(J. C. Penney)、尼曼百货(Neiman Marcus)、诺德斯特龙百货(Nordstrom)、丝芙兰和Yoox Net-a-Porter(电商平台)也做了同样的事。他们都销售了这款眉笔,因此她也将这些公司列为被告。

小丝请法院命令这些被告停止使用她的名字及销售"波姬·小丝"系列产品,并要求他们进行赔偿。值得注意的是,蒂尔伯里过去常用明星的名字来命名自己的产品,但从未遭遇诉讼,其中包括用娜奥米·坎贝尔(Naomi Campbell)名字命名的"娜奥米"眉笔。这款眉笔适合"深棕至黑色眉毛";以金·卡戴珊·维斯特(Kim Kardashian West）名字命名的"金 KW"；以凯特·波茨沃斯（Kate Bosworth）名字命名的"波茨沃斯的美"；以佩内洛普·克鲁兹名字（Penelope Cruz）命名的"佩内洛普"；以萨尔玛·海耶克（Salma Hayek）名字命名的"神秘萨尔玛"和以妮可·基德曼（Nicole Kidman）名字命名的"基德曼之吻"。这些明星都没有起诉过蒂尔伯里。小丝是第一个。

夏洛特·蒂尔伯里和丝芙兰对此事都未做任何评论，本书撰稿之时，案件还没有结束，但小丝的律师顾问代表，来自维纳布尔 LLP 律师事务所的亚历克斯·魏因加滕（Alex Weingarten）表示："这是对波姬权利的严重侵犯，我们必须积极上诉证实这一点。波姬·小丝数十年来作为模特、演员、作家、企业家的身份让她（和她的眉毛）家喻户晓。"

丝芙兰是否要有所行动不得而知。然而，当我们到丝芙兰官网搜索波姬·小丝眉笔时，没有任何结果；而搜索夏洛特·蒂尔伯里眉笔时，就会出现这款价值 30 美元的眉笔。虽然没有提到这个案件是否终止，但看起来丝芙兰已平息了这件事。

## 丝芙兰过去曾卷入命名丑闻

尽管丝芙兰对夏洛特·蒂尔伯里眉笔命名一事不负直接责任，但这不是零售企业因其品牌对产品的命名问题而遭遇的第一次强烈抵制。

著名文身师和美妆大亨凯特·方迪（Kat Von D）与丝芙兰有一段长久而成功的合作。凯特·方迪因TLC网著名真人秀节目《L. A. 刺青客》走红，之后于2008年发布了她的美妆品牌。该品牌在丝芙兰独家销售。这款与她齐名的化妆品品牌因其醒目的颜色和繁复的包装著称，是丝芙兰最受欢迎的没有经过动物实验的品牌之一。凯特·方迪因"色彩"而出位。多年来，她的产品名称也始终占据头条位置。2013年，丝芙兰下架了凯特·方迪"豪门浪女"（Celebutard）口红。丝芙兰表示，"我们注意到我们销售的一款口红的名字对我们的一些客户和其他人有些冒犯。我们对此深感抱歉。"凯特·方迪不这么认为。她到推特上和粉丝"说一些真话"，她写道，"这一天结束时，这只是一款糟糕的口红。"发完又立即删掉了。

有趣的是，虽然经历了这场不快，但丝芙兰和凯特·

方迪的合作还在继续。(她的产品还在丝芙兰销售,还经常成为丝芙兰的畅销商品。)丝芙兰解决问题的方法是:1)发出声明;2)下架名称冒犯到某些人的商品;3)未来进一步加强防范,出现类似事件时更好地应对(如波姬·小丝"牌眉笔),吸取教训。

过去几年发生的这些丑闻、诉讼、名人纠纷没有对丝芙兰造成致命影响,更显示出大多数时候丝芙兰反应迅速,采取了周密和迅速的行动;辩护时也会对自己的失误道歉,尽一切努力修正。事实证明,丝芙兰在应对突如其来的事件时(如ADA网站事件和大学入学丑闻)适应性很强、反应很快。作为一家著名的拥有大量高端品牌的大公司,丝芙兰很难避免不被卷入各种丑闻中。丝芙兰没有试图淡化公司在歧视案件中的角色,而是合力加强对员工的多元化和包容性培训,未来也将进一步加强这方面的作为。

> "过去几年发生的这些丑闻、诉讼、名人纠纷没有对丝芙兰造成致命影响,更显示出大多数时候丝芙兰反应迅速、采取了周密和迅速的行动;辩护时也会对自己的失误道歉,尽一切努力修正。"

如今，社会、经济和技术环境都瞬息万变。这不只影响着美妆零售和化妆品行业，也影响着整个世界。随着丝芙兰不断发展壮大，它也随时准备面对全新的、经常出现的、始料未及的情况，始终积极应对突发事件。

"商店是奇迹发生的地方。"

——克里斯托弗·德·拉蓬特

# 第五章 健康、美丽、养生的未来

美妆行业没有任何下滑的态势，反而每年呈指数增长——而其中一多半发生在网上。这个趋势对像丝芙兰这样以实体店可试用产品为品牌核心的店铺来说意味着什么呢？它意味着虽然有一半业务在网上，还是有一半市场在实体店。当其他零售商中的大部分在缩小规模或将业务完全转移到网上，取消实体店业务时，美妆行业和像丝芙兰这样的店铺还在逆势增加实体店。这也意味着它在电子商务领域有着巨大增长潜力。事实上，根据美国电商研究机构互联网零售商发布的数据，美妆行业网络营销的增长速度超过了全美电子商务的增长速度。2020年，丝芙兰甚至没有入选美妆行业互联网零售商在线零售发展最快的前五名。排在丝芙兰前面的有Glossier有限公司

(线上销售额占总销售额的97.1%,收益增长了275%)、高丝(Kose)、哈里斯(Harry's)、犹他(Ulta)和美好皮肤(Lovely Skin)。

那么丝芙兰要如何计划在网店和实体店迎头赶上竞争对手的增长水平呢?过去是未来之师——把注意力放在消费者身上,让消费者的购物体验更个性化,在实体店和线上同时打造更具探索性和体验性的体验,不断推出新品牌和合作伙伴,紧跟消费者和时尚潮流,体现包容性和迭代性,探寻最佳最新的技术趋势,不断创新,与明星和达人合作,强化和完善企业精神,成为化妆、美容和养生领域的业界先驱。

最重要的是,丝芙兰要紧跟塑造美妆行业未来的领先趋势,如整体个人护理,一切CBD、包容性、中性性别化妆品和皮肤护理,将古老的康复疗法与新时代融合,与女性企业家合作,转向以事件为中心和社区建设,当然,还有大数据。

## 时尚观察:由内而外的美——补充剂和整体健康美容法

站在杂货店里,迅速看一眼杂志的标题,就很容易了解美业的最流行趋势，那就是：由内而外的美。零售商和护肤、美妆品牌不只是在兜售个人护理、健康和营养理念，他们还在销售营养补充剂来帮助顾客完善美容程序。越来越多的人意识到营养对皮肤和头发的健康很重要，因此她们开始要求她们所钟爱的美妆零售商在产品中增加营养成分，于是导致市场对营养补充剂的需求增加。丝芙兰产品的补充剂有 Vital Proteins（重要蛋白质，一个胶原蛋白补充剂品牌）、Hum（美容营养补剂公司，生产维他命和矿物质产品）、Moon Juice（月亮汁，美容饮品公司，生产补充剂粉和点心），承诺不仅让顾客变美，还要让他们由内而外地健康。Hum 在其官网上表示，自己的补充剂"纯净、天然，效力和纯度经过三重测试"，是注册营养师设计的。他们的产品还可以根据 3 分钟在线营养测试进行"个性化定制"。

据 Moon Juice 网站介绍，Moon Juice 不只是一家营养补剂公司，它是"超越饮料、牛奶和点心的整体生活方式，是一种治愈力，一种以太饮品，是宇宙灯塔，是那些寻求美、健康和长寿人们的终极目标。"Moon Juice 的所有者兼创始人有甲状腺疾病，于是开始主要吃蔬菜。后来，她的性格、免疫力、外貌和想法都发生了变化。她身上发生的这些巨大变化激发她创建了 Moon Juice。她在网站上提到，"这些药膳从内而外改变了我。"她以现代消费者的口吻说话。而现代消费者仍在寻找也能从内而外改变他们的下一个重要事物。

事实上，丝芙兰的消费者可以在丝芙兰买到 Moon Juice 的超级秀发日常营养、"超级的你"日常抗压超级调理粉、氧化镁饮料、蓝美人美颜调理蛋白粉，甚至滋阴营养粉、聪明粉、梦想粉、灵魂粉、力量粉和靓丽粉。除了和这些品牌合作之外，丝芙兰还与奥莉（保健品）合作打造了丝芙兰专属的一整套营养补充剂产品。丝芙兰 x 奥莉系列涵盖从皮肤排毒到舒缓睡眠到润泽秀发等各种产品。丝芙兰的消费者甚至能在丝芙兰找到奥杰尼（Algenist）的爱尔兰藓（一款维生素 C 和 E 补充剂）。到今天为止，丝芙兰已有超过 116 种不同种类的营养补充剂、减重和体重管理补充剂、本草和生物制剂产品。

据路透社市场调研报告发布网站 Wiseguyreports.com 报道，"2016 年全球美容补充剂市场价值达 35 亿美元，到 2024 年年底将有望达到 68 亿美元。"此外，"这个市场预计将在 2016—2024 年预测期间以每年 8.6% 的速度扩张。"如今，从地理位置上来说，营养补充剂市场份额最大的地方在亚太，其中以日本为首，其次是中国和韩国。排在其后的是欧洲，占全球美容补充剂市场份额的25%以上。根据该报道，"欧洲的美容补充剂市场发展的主要原因是消费者越来越关注健康和美貌"。而在紧随其后的北美，其发展的原因是"可支配收入高和名人的推广"。这也意味着西方市场有巨大的发展潜力，我们对此应保持期待，由内而外美丽的趋势才刚刚起步。

## 时尚观察：一切皆CBD

提到草本和植物制剂，丝芙兰也没有被CBD的大潮丢下。CBD是补充剂和养生潮流中的另一个新兴潮流。CBD是从大麻中提取的化合物大麻二酚的缩写。据Health.com网站介绍，在没有精神活性元素四氢大麻酚（THC）的前提下，大麻"能够使人舒缓和镇静"。（CBD不会让人兴奋。）随着对含CBD产品需求的增加，美妆品牌也开始把它加入产品制剂中。圣女美妆（Saint Jane Beauty）研制了一款125美元的"奢华CBD美容精华液"。琼斯·玛瑞（Josie Maran）研制了"皮肤液（Skin Dope）阿甘油"，也就是"和平、爱和CBD"。这款产品的价格更亲民。目前，丝芙兰有 21 个将 CBD 列为主要配料的品牌。随着新品不断发布，这个数字还将继续增加。忘了"卡尔贡带我走"（Calgon take me away，一个护肤品牌）吧，如今的流行语是"CBD，做你该做的事吧"。

> **目前，丝芙兰有 21 个将 CBD 列为主要配料的品牌。随着新品不断发布，这个数字还将继续增加。忘了'卡尔贡带我走'（Calgon take me away，一个护肤品牌）吧，如今的流行语是'CBD，做你该做的事吧'。**

## CBD：不再只是布朗巧克力的专属

事实上，华尔街分析员对此很有把握。杰富瑞投资银行的分析员开始注意 CBD 的发展趋势，指出仅 2019 年的前两个月，"CBD 美容"产品的在线搜索量就增长了 370%。杰富瑞预测：未来十年，仅 CBD 美容产品的销售额就能达到 250 亿美元，"并将占据整个护肤品市场的 15%。护肤品市场过去的主角是传统护肤品，如今传统护肤品市场的价值是 1670 亿美元。"这比之前预期的要高太多了。

根据明视野集团（Brightfield Group）所做的一项研究，到2022年整个大麻市场（娱乐、医疗和化妆品）的价值预计将达到220亿美元。而杰富瑞预测仅美容行业的价值就将达到250亿美元，并官方宣布CBD将成为主流。名人们纷纷表示CBD功效众多，从助睡眠到缓解穿高跟鞋一晚上带来的脚痛，不一而足。名人确实在推广CBD产品方面发挥了积极作用。2017年，CBD美容产品的收益还不到400万美元，到2018年年底已经达到了1700万美元。为了表达得更清晰，很有必要介绍一下传统美容市场在过去十年的变化。天然美容产品（不含有害化学物质，只含纯天然成分）如今是市场的主体。

根据分析机构明视野公司的说法，2013年天然美容市场的销售额为2.3亿美元，而2017年的年销售额是13亿美元。很多人预测CBD市场也会出现同样的增长。美容潮流分析师指出，"天然美容产品正在侵占传统化妆品的领地。"另外，Born2Invest（一款新闻类应用）记者兼分析师阿图罗·加西亚（Arturo Garcia）表示，"如果这是市场的发展趋势，那么含天然成分的CBD美容产品会进一步发展壮大，蚕食当前美容市场上占据主流地位的市场份额。"

## 时尚观察：美容仪式不再只是女性专属

虽然从化妆品和美容行业发展初期开始，女性一直是主要受众，但男性也想参与进来。过去，巴巴索（Barbasol）、吉列（Gillette）、欧仕派（Old Spice）和海飞丝（Head&Shoulders）在男士个人护理领域占据一席之地。这个市场也不断壮大，出现了男士头发护理、生发、胡子护理、剃须、皮肤护理、香氛、补充剂甚至化妆品等品类。丝芙兰有各种剃须套装、古龙香水、护肤品和所谓的"美容必备品"——如汤姆·福特（Tom Ford）70美元的"超棒剃须油"。丝芙兰还有一些中性产品，男性、女性、非二元性别者均可使用。在丝芙兰YouTube账号中，"丝芙兰美丽总监"戴维演示了涂抹粉底的方法，建议男士到丝芙兰店通过Color IQ（分光色度仪）和湿度测试仪来找到最合适的粉底，或者找到最适合他们肤质和肤色的产品（女性同样适用）。那些中性化妆品可以在丝芙兰的MAC、汤姆·福特、香奈儿和马克·雅克布区找到。

根据联合市场调研（Allied Market Research，AMR）发布的信息，男士个人护理市场的价值预计将于 2022 年达到 1660 亿美元，目前这个数字是 1.22 亿美元。欧睿信息咨询公司（Euromonitor International）的研究分析师安德鲁·施达布雷恩（Andrew Stablein）表示，"最近几年，男性不能或不应该使用护肤产品或者过多关注自己外貌的说法逐渐隐没了""男性的日常美容不只是刮胡子，还可以包括护肤。"

市场研究分析公司英敏特的美容个护分析师阿利森·盖瑟（Alison Gaither）说："看上去市场的主体在试图扩大市场，并通过扩大客户群来在一个缓慢发展的市场中获得份额。"她用丝芙兰销售的品牌夏洛特·蒂尔伯（Charlotte Tilbury）和芬蒂彩妆举例子，这两种品牌都为那些每天化妆的男性提供了视频教程。

然而，化妆并不是男性或者女性的专属。根据最新数据，美妆的未来是非二元性别的。CNBC（美国 NBC 环球集团持有的全球性财经有线电视卫星新闻台）的尼娅·沃菲尔德（Nia Warfield）报道，"根据互联网数据资讯网 NPD 的新一代美容消费者报告，将近 40% 的 18—22 岁的成年人表现出对中性美容产品的喜爱。欧睿信息咨询公司所做的一项调查结果显示，超过 56% 的美国男性受调查者承认在 2018 年至少使用过一次面部化妆品，如粉底、遮瑕膏或 BB 霜。"NPD 的美容业分析师拉丽莎·杰森（Larissa Jensen）猜测，"具有不能被性别禁锢想法的很多人成长起来了，美不再是所谓的'理想中的美'。美可以是一切事物、一切人、一切性别。"

> **"然而，化妆并不是男性或者女性的专属。根据最新数据，美妆的未来是非二元性别的。"**

甚至在几年前，男性化妆还是无法想象的。美妆博主和美宝莲摩天浓睫毛膏的前模特，月光美妆（Lunar Beauty）的创始人兼 CEO 曼努埃尔·"Manny MUA"古铁雷斯（Manuel "Manny MUA" Gutierrez）认为，这是一种误解和误传。她说，"我想很多人误认为男性化妆就是不男不女或者要当变装皇后，但其实不是这样的。"古铁雷斯认为时代在变化，"我们要展现包容，鼓励人们对男性和女性都多一些包容。我相信随着时间的推移，会有更多男性打扮自己，一切都在变得越来越好。"

## 时尚观察：复古风来袭

传统的医疗仪式卷土重来了——尤其是印度草医学日益成为主流。印度草医学是印度的一种整体治疗手段，已经有5000多年历史了。它的主要理念是平衡、净化和恢复身体健康、意识和精神，同时根据人的身体能量（或者人的生物能量类型，也就是皮塔、卡法和瓦塔）、使用草药、参与锻炼、冥想、呼吸、物理疗法、身体刷擦、按摩、精油疗法和清洁疗法等来制定季节性饮食和规定饮食。如今，丝芙兰美国店铺不销售印度草医学的草药（或者属于该搜索项下的产品），但丝芙兰美国之外的店铺销售一种名为仪式的品牌。这个品牌就是根据印度草医学中的精油清洁仪式研发的，主要在亚太和欧洲市场销售。这种品牌在美国还不是主流，但相信很快就会在美国发布此产品。

市场观察网站（Market Watch）发布的报道《阿育吠陀（印度草药按摩）的市场需求、增长和机会，2023年顶尖参与者预测分析》指出，2015年阿育吠陀全球市场价值达到34.28亿美元，预计到2022年将达到97.91亿美元,复合年均增长率为16.2%。报道指出,这种增长的主要原因包括"对天然有机产品的需求增加,全球医疗旅游业扩张,消费者对阿育吠陀化妆品的认同意识增强,需求增加",以及"有机护肤品快速占据市场。这个市场预计将进一步扩张。"

这篇报道指出,阿育吠陀化妆品的全球市场扩张将为业内企业提供"巨大的投资机会"。目前它已在亚太地区占据优势地位(市场份额为80%),欧美市场有待于未来几年进行开发。

## 时尚观察:与女性企业家合作,支持社会公益

丝芙兰在这个领域走在了前面。2015年,丝芙兰发布了"加速"项目。据丝芙兰官网介绍,该项目"旨在为具有创新精神的美妆行业女性企业家建立一个社区。这个为期6个多月的项目始于一个一周的训练营集训。女企业家可以在这里学到创建成功企业的必要技巧"。丝芙兰希望通过该项目让企业家们与其他成功的美妆导师和企业家学习、切磋。项目结束时安排了"演示"日,让美妆品牌创始人们将自己的公司介绍给业界专家、创业合伙人

和丝芙兰高层领导人,以期助力未来发展、制订目标规划和开展横向合作。

> **"康拉德把重心放在一个企业家项目的原因是她关心美妆行业'女性创始人持续代表性不足的问题'。为了让这个项目既有知识性又有趣,康拉德把它命名为'现实世界遇见美'。"**

项目第一部分于2016年4月在旧金山大厦启动,8个初创企业参与了项目。丝芙兰当时的社会影响和可持续性发展负责人柯里·康拉德(Corrie Conrad)(2015年加入丝芙兰,此前在谷歌工作8年)发布了这个项目。该项目旨在培养女性创业者关注美妆行业的可持续性、技术和领导力。康拉德把重心放在一个企业家项目的原因是她关心美妆行业"女性创始人持续代表性不足的问题"。为了让这个项目既有知识性又有趣,康拉德把它命名为"现实世界遇见美"。这与卡尔文·麦克唐纳(Calvin McDonald)(当时的丝芙兰美国CEO)最喜欢的真人秀节目"鲨鱼坦克"(Shark Tank,美国一档著名的创业真人秀节目)形成鲜明对比。为期一周的训练营结束之后,每个初创企业家带着丝芙兰提供的创业资金回去继续组建公司。他们可以参与线上课程学习，也可以咨询导师（丝芙兰员工）、丝芙兰各区（包括丝芙兰美国之外的部门）的部门领导和副总裁。第一批成功创建的著名品牌包括繁茂（Thrive，一款植物产品，研发过程中没有动物实验）和萨哈杰（一款加拿大阿育吠陀产品）。

项目结束后，初创企业可以向丝芙兰申请低利息的、"创始人友好贷款"来获得更多资金。据《财富》杂志2016年发表的一篇文章，"丝芙兰加速项目对相关企业的资金支持不是科技创业加速器的典型行为，科技创业加速器提供的资金是丝芙兰创业支持资金（2500美元）的数倍，但其回报是在每个初创企业占有股份"。康拉德指出，"我们努力的目的不是问这'对丝芙兰的资金回报是什么？'"2019年，丝芙兰为每位创始人提供了5000美金的资金支持并每年选择10个初创企业来扶持，但没有在任何品牌持有股份。

那么为什么要开展这样一个不会为丝芙兰带来直接利润的项目呢？一个主要原因是（除帮助女性企业家创业，维护地球可持续发展的利他主义目的外），它让丝芙兰紧跟时尚潮流，了解未来可以销售的潜在品牌。但是丝芙兰不会选择所有产品都参与这个项目。2018年年初，只有部分项目从加速项目的 31 个部分中脱颖而出，被丝芙兰选中，其中包括 LXMI、Vitruvi 和七大美德（The 7 Virtues）。

2019 年，丝芙兰加速项目宣布了 15 个新成员，"这个有智慧而多元化的女性创业者群体将与丝芙兰领袖和业内专家一道参与发展中的加速校友网络（目前有 31 个成员）。这些领袖与专家将帮助新成员通过必要步骤来实现商业目标。"目前担任丝芙兰美妆展区和多元化 & 包容性副总裁的康拉德表示，"我们最早在 2016 年发布加速项目。该项目旨在增加美妆行业女性创始人的数量。到今天为止，所有希望打入零售界的项目参与者都如愿以偿了，包括丝芙兰。我们为我们迄今为止建立的社区感到自豪。我们正向着到 2020 年支持 50 位以上女性创业者的目标努力。2019 年的项目共有 15 位充满活力的女性参与（这是迄今为止人数最多的一届）。她们来自 8 个国家，也第一次出现来自澳大利亚的女性。我们无比兴奋地帮助她们并期待她们的成果。"

**" 那么为什么要开展这样一个不会为丝芙兰带来直接利润的项目呢？ 一个主要原因是（除了**

> **帮助女性企业家创业，维护地球可持续发展的利他主义目的之外），它让丝芙兰紧跟时尚潮流，了解未来可以销售的潜在品牌。"**

加速项目的成员不只局限于美妆行业这一个领域。比如朱莉·科比特（Julie Corbett）创建的生态（Ecologic）公司是第一家使用回收纸板箱制作纸质饮料瓶的环保制造公司。这家公司生产的饮料瓶可以取代标准的塑料瓶。关心环保的活动家和群体早已警示大量塑料污染物流向海洋和其他生态系统的危害。可以说，成功研发出 eco. bottle®将改变依赖塑料制品的美妆行业，乃至整个世界的游戏规则。

还有一些成员关注特殊成分。Chinova Bioworks 公司的联合创始人娜塔莎·达亚古德（Natasha Dhayagude）"从蘑菇中提取出了可以应用在化妆品和护肤品中的天然清洁标签防腐材料"。丝芙兰加速项目媒体发布会指出，"这种成分对细菌、酵母和霉菌具有广谱保护性，可以满足目标生产商的杀菌需求。"与此同时，在技术领域，La Luer 的创始人尼古拉·周（Nicole Chau）研发出了非侵入性家用美容仪。这款美容仪可以通过排毒、紧致、提拉、向肌肤注入活性成分来完成标准的美容流程。在商业领域，葛丽泰·菲茨研发出了"个人护理芳疗系列产品"。这款产品能够通过浓郁香气、水晶和设定积极的意念来治愈病痛。

凯瑞根·贝伦斯（Kerrigan Behrens）是神圣自然（Sagely Naturals）的联合创始人。他们将从大麻中提取的CBD注入产品中，作为"传统抗压消炎止痛药"的替代品。Médène的联合创始人卡米尔·佩雷拉（Camille Pereira）紧跟天然生物产品的浪潮，"研发以科学算法为基础的定制复方精油，帮助消费者将精油融入每日生活，作为一种养生的天然解决方案。"爱护天然美（CARE Natural Beauty）的联合创始人帕特里夏·卡玛戈（Patricia Camargo）开创了纯天然可持续的护肤品之一。她的品牌产品产自巴西，取材自当地天然材料，只用可持续包装材料。

还有一些项目成员关注护发。例如Anagem的创始人玛丽·卡蒂哈克（Marie Cadilhac）的产品"含95%天然成分，可帮助头发、睫毛、眉毛、胡子增长"。澳大利亚人艾娃·埃姆（Maeva Heim）是护发公司面包美人（Bread Beauty Supply）的创始人。这家公司主要解决年轻女性头发"自来卷的问题"。同样来自澳大利亚的皮普·

萨默维尔（Pip Summerville）是 The Tonik 公司的创始人。这是一个天然补充剂品牌，公司宗旨是"让健康充满生趣、便捷和可持续"。

加速项目的演示中也有一些传统护肤品牌，但这些品牌处于生物科技和抗衰的前沿。其中包括刘畅之（Nancy Liu）作为联合创始人的久禾。这是一家生物科技企业，主要"关注为年轻女性提供健康天然的护肤品（主要成分是实验室培养的虫草）。虫草作用在皮肤上具有抗衰、抗氧化、防辐射、消炎、解毒的功效。"

在丝芙兰官网的视频演示中，项目成员纷纷赞扬加速项目。升华美业有限公司（Ascention Beauty Co.）的创始人葛丽泰·菲茨（Greta Fitz）说，"我需要这次反馈。我希望他们严肃对待一切，因为我不希望这些问题在店铺里出现。"面包美人（Bread Beauty Supply）的创始人艾娃·埃姆补充道，"很多大企业都是男人担纲主角，因此在这个生态系统里支持女性，提升女性的能力就显得至关重要。"The Tonik 公司的创始人皮普·萨默维尔（Pip Summerville）说，"能参与这个项目，尽我所能去学习并学以致用，我高兴极了。"

加速项目的导师和教育-色彩（Education-Colors）品

牌的高级经理杰瑞德·卡斯奥夫（Jared Kassoff）认为，丝芙兰这样的公司有义务和责任支持和鼓励这些女性和她们的可能改变游戏规则的品牌。"在丝芙兰，我们有这么多傲人的资源和人脉值得这些企业领袖去挖掘。这不仅是我们可以做的事，还是我们必须做的事。"

## 如何参与加速项目

春季（5月）项目的报名截止时间是秋季（一般是10月/11月），春季项目于第二年的10月开展"演示日"活动。请准备好加入激烈竞争，回答一些有关愿景、创新、产品、计划和社会影响的有难度问题。

线上申请能否入选的关键是社会影响力。"参加丝芙兰加速项目的创始人需要将社会影响融入企业使命，也就是说，要肩负社会责任，采取环境友好的做法，对其所在社区带来有益影响。"

申请者需要提交一段视频，介绍创立企业的动力（对每位企业家来说都很重要的是：为什么?）；还要准备一个他们目前正在解决的问题并说明这个问题的意义；提交商业规划和盈利的具体计划，以及让自己与竞争对手拉开距离的方式（竞争对手是谁）；最后要指出理想客户是谁，自己的产品对理想客户的益处是什么，以及目前自己对自己产品的认识。

## 时尚观察：包容性、社区建设和反馈

加速项目只是丝芙兰展台项目的3个聚焦点之一。丝芙兰展台项目于2016年推出，是之前提到的"我们美丽"活动的子项目。丝芙兰宣言活动中提出，"丝芙兰捍卫一切美好，带着勇气生活，勇于展示我们的不同。我们将持续构建多元化体系，鼓励自我表现，对每个人敞开怀抱。"丝芙兰展台项目邀请大家"参与进来，共同保护我们的地球，维护我们的社区，颂扬每个人身上的美。"加速项目关注女性包容、领导力、企业家精神的可持续性、社会改革，而丝芙兰展台项目被视为"我们美丽"活动的第二章（第一章是SephoraIN，主要关注性别包容）。SephoraIN旨在培育"积极空间，提供资源群体，支持多个员工社区的项目"；招募多元化和包容性团队成员；"从未被充分代表的社区吸收和雇佣员工。"除招募和支持外，SephoraIN的目标还有教育，"我们知道我们每个人都把无意识的偏见带到了工作场所"。SephoraIN 旨在促进现有培训,开发包容性实战策略,为员工举办表达能力和意识形态活动,帮助"扩展他们对重要主题的理解"。

丝芙兰展台项目通过为全美那些争取种族正义和平等手段,提供机会来解决社区服务不足的问题(组织捐赠100万美元),并展现其"创建让每个人有归属感的空间"的使命。该项目特别指定5个国家级组织,并为每个组织提供15万美元的资助金。它们是:城市家庭中心、全美关爱指导运动、全美黑人正义联盟、全美黑人公民参与联盟和全美有色人种协进会。除这些项目之外,丝芙兰还为分布在美国44个零售区域的44个组织提供了20万美元的资助金,帮助它们"在地方层面争取平等和民族正义"。

此外,丝芙兰还与领先社会影响机构、种族正义和平等领袖理事会——价值观合伙人公司合作,委托其进行"零售行业中存在的偏见综合调研,其中重点关注有色人种的体验"。丝芙兰希望通过这个项目"得到更好地实现包容性的建议,从而改善人们的购物体验"。

> **"** 丝芙兰展台项目通过为全美那些争取种族正义和平等手段,提供机会来解决社区服务不足的

> 问题（组织捐赠 100 万美元），并展现其'创建让每个人有归属感的空间'的使命。"

除了向外关注社区发展之外，丝芙兰还发布了员工支持项目——丝芙兰在一起基金——通过奖励时间或金钱的方式来为丝芙兰员工提供紧急帮助和提供短期资金，帮助他们渡过难关。

丝芙兰还与潮汐基金会（Tides Foundation，一家致力于"建立共同繁荣和社会公正的世界"的公共慈善机构和非营利机构）合作，同时为那些为人民、地球和社区谋福利的非营利机构提供资金支持。

最后，丝芙兰还鼓励员工通过志愿工作换取报酬，并将其捐赠给合格的机构，从而支持他们关心的事业。丝芙兰员工在合格机构每志愿工作一小时，丝芙兰就会向该员工选择的合格慈善机构捐助 10 美元。丝芙兰在官网上展示了员工志愿参与社区工作的图片，并标注"我们共同创建一个更美好的世界"。其中一家机构叫闪耀项目。这家机构通过让女性感知社区的关爱来鼓励她们相信自己。丝芙兰目前已经为 20 多万名妇女和女孩提供了支持，方式包括捐赠产品和发布像"展现你的魔力：充满活力的一天"。这样的项目，为处于危机中的女性提供资源，从而帮助她们建立自信、展现由内而外的美和获得职业技巧。丝芙兰在官方网站上指出，目前已通过在一起基金资助了超过410名员工，为900多家机构捐款，超过4500名员工捐赠了时间或金钱。

除慈善项目和捐款外，丝芙兰展台项目还推出了所谓的"自信课堂"，帮助"那些面临重大人生转折的人鼓起勇气"。自信课堂是在参与项目的丝芙兰店铺举办的免费课程，为期90分钟，是一个可以亲身体验的美丽课堂。只能在实体店参与的课程包括"面对癌症时的勇敢美""跨性别社区和工作场所的大胆美"。丝芙兰已举办了超2000场这样的课堂，受众超7万人。根据丝芙兰官网介绍，超过80%的参与者不同程度地提升了自信。

## 时尚观察：可持续性

除关注那些重视可持续发展的企业家外，丝芙兰在自身的社区也开始采取行动。丝芙兰表示，"我们在'共同保护和维护地球的健康和美好'的信念指引下开展可持续旅程。我们努力在零售店铺、总部和整个供应链开展可持续操作,从环境友好包装和成分透明到节约能源,我们把每个挑战视为创新的机遇。"过去 5 年,丝芙兰成为美国环保署合作伙伴,被视为美国采购可回收能源前 20 家零售商之一,仅 2018 年一年就避免了 440 磅废物的填埋。

丝芙兰在官网上发表的一份声明中指出,公司在推进可持续性方面分三步走,分别是供应商、气候和生态设计。在供应商方面,丝芙兰侧重改善工人工作条件、完善产品的可持续性和安全性,具体的化学政策要合规。根据化学政策,供应商要确定"需要减少和消除的高优先级化学品"名单。丝芙兰表示,"它们包括客户关心的化学品,以及环保或健康群体定为存在问题的化学品。我们的目标是在未来 3 年让含这些化学品的产品减少 50%。为了实现这一变化,我们将与目前所销售的品牌共同寻找安全的替代品,帮助它们创新,让商标标注的成分更透明。"

> **过去 5 年,丝芙兰成为美国环保署合作伙伴,被视为美国采购可回收能源前 20 家零售商之一,仅 2018 年一年就避免了 440 磅废物的填埋。**

丝芙兰进一步表示,"丝芙兰系列产品已经能够满足对品质、可追溯性和产品安全的严格要求。我们通过'纯净美妆标准'项目不断寻求对化学品有更可持续立场的新品牌加入。""纯净美妆标准"有一个标识（和著名的好管家认证标记相似）来表明产品成分不含成分清单中的 50 多种成分。这些成分包括硫酸盐、尼泊金、邻苯二甲酸酯等。丝芙兰 CEO 克里斯托弗·德·拉蓬特表示，"我们希望成为世界上最受欢迎的美妆社区，丝芙兰作为业界领袖有责任帮助制定典型环境绩效基准。新技术、新设备和生态友好材料不断涌现，影响我们商业环境的方方面面——建筑、店铺运营、物流和产品。"

除认证产品外，他们还关注店铺本身，表示"继续在我们的零售店铺和分销中心开展创新，从而改善能源使用，减少温室气体排放"。丝芙兰使用生态友好设计减少店铺和包装过程中产生的废物——"通过接纳高效设计，鼓励我们品牌做同样的事，我们做到了节约资源和使用可再生材料。"我们期待更多的生态友好和可持续发展倡议，这不仅来自丝芙兰，还来自丝芙兰所销售的品牌，乃至整个美妆行业。

## 时尚观察：到一切可能的地方去寻找消费者——节日庆典、社交媒体、SEPHORiA 和家里

丝芙兰始终因贴近消费者而著称，并致力于多渠道零售体验。然而，为了更多地接触优质顾客，丝芙兰将服务和产品扩展到了像科切拉音乐艺术节这样的地方。丝芙兰于 2018 年成为音乐节的赞助商。它让参加音乐节的发烧友在空调帐篷里感到凉爽，并提供免费的护发和化妆服务。据 BuzzFeed（美国的新闻聚合网站）报道，Hush 品牌可以随时提供 DIY 色标，让参加音乐节的人可以短暂改变发色或给头发做图案染色。Amika 品牌可以提供编发服务，Bumble and Bumble 提供"光编发"（是的，是编发上的光）。丝芙兰系列产品适用于染发润色，其中包括金属烫金文身贴。没有自拍场地就不能算作音乐节，那些能找到新玩法、凹出新造型的人可以得奖。

2018 年，科切拉音乐艺术节吸引了 70 多万观众，但首批网红营销机构之一 MediaKi 认为，它在网上的影响力是"营销人钟爱科切拉"的原因。在 2018 年赢得了社交媒体成就和广泛的覆盖面之后，丝芙兰于 2019 年强势回

归，这一次选择与著名博客佐伊报道（The Zoe Report）合作打造"Zoeasis"活动。活动中设置了"丝芙兰美容室"，活动参与者可以免费化妆并享受与时髦、美丽和风尚偶像瑞秋·佐伊（Rachel Zoe）亲密接触的机会。粉丝纷纷在照片墙上贴出活动自拍照。除在科切拉音乐艺术节上赢得数百万粉丝外，丝芙兰还相继被《洛杉矶杂志》《女装日报》和《好莱坞报道》报道。

对丝芙兰来说，科切拉音乐艺术节是推出自己网红的绝佳地。如前所述，#丝芙兰大使定期推广丝芙兰产品和品牌。丝芙兰大使成员比大多数达人要更神秘一些。他们不会在网上发那些站在昏暗的浴室镜子前的照片。2016年，丝芙兰发布一个室内内容工作室，提供拍照、制作视频等服务。据《格鲁斯》（Glossy）杂志报道，丝芙兰于2017年制作了400多个视频，其中社交媒体视频比去年增加了90%。其目的是紧跟消费者喜好。丝芙兰营销总监黛博拉·叶（Deborah Yeh）告诉《格鲁斯》杂志，"最大的挑战之一是满足以移动购物为主顾客的内容需要。这些顾客的社会行为和对美的喜好是不断变化的。"她说，"为了紧跟潮流，成为灵感的源泉和学习场所，同时生产出品质一流的内容，我们必须致力于以一种真实的方式让我们与顾客、合作伙伴和合作商沟通的渠道更现代化。"

为了以更有意义的方式加强与顾客的联系，丝芙兰于2018年发布了自己的"科切拉"。SEPHORiA美妆小屋是一个周末活动，旨在"鼓励消费者像他们所喜爱的美妆达人一样生活"。美妆编辑称之为"两日美妆狂欢"。在这里他们可以拿到免费试用装、查看产品评论、享受免费美妆服务、参加美妆专家讲授的大师课堂。《精英日报》作家斯蒂芬妮·蒙特斯（Stephanie Montes）说，"SEPHO-RiA把顾客带到了一个美丽新世界。想想看：去参观威利·旺克（Willy Wonka）的欢乐糖果屋，但这次是以美丽之名。"她在"内部消息"中说，丝芙兰红卡会员可以享受预售门票通道。普通票价是80美元，每位来宾可以获得价值250美元的"大礼品袋"，VIP票价是350美元，包含价值900美元的礼品。她说，这样看来，票价很低了，"可以更新我们的照片墙和美妆橱柜，还有一份难忘的体验。"这不仅对粉丝来说是个轰动的大新闻，丝芙兰还因在最佳体验式营销活动中提交SEPHORiA项目而获得数字日内容营销奖。

除各类活动、社交媒体和SEPHORiA外，丝芙兰还把样品带到了消费者家门前。丝芙兰加入了订购箱服务潮流，发起了每月10美元的丝芙兰美妆盒活动，每月将黑白相间的美妆盒送到顾客手上，里面有6个丝芙兰大牌化妆品、护肤品和护发品小样，其中5个是试用装大小，总价值65美元。美妆盒里还有一个可以重复使用且可再生的化妆包以及包含样品使用方法、窍门以及独家教程视频链接的产品简介册。丝芙兰官网上会选出全新最畅销的产品，然后根据消费者美妆盒档案选出最佳产品搭配。这项服务只在美国开展且只在美国的50个州配送。

> "为了以更有意义的方式加强与顾客的联系，丝芙兰于2018年发布了自己的'科切拉'。SEPHORiA美妆小屋是一个周末活动，旨在'鼓励消费者像他们所喜爱的美妆达人一样生活'。"

## 时尚观察：继续在零售领域扩张

2019年3月，丝芙兰宣布2019年一年将在美国新开35家新店。第一家将开在纽约著名的哈德逊城市广场，接下来是加州的棕榈泉、纽约的夏洛特、加州的洛杉矶、华盛顿、佛罗里达州的森赖斯等。丝芙兰多渠道零售执行副总裁玛丽·贝思·劳顿说，"在丝芙兰，我们不断努力进取，为顾客打造个性化、便捷的多渠道体验，让实体和虚拟无缝连接，每个触点都体现个性化。""顾客可以浏览我们网站或应用程序上的美妆产品，或者使用我们的'丝芙兰 Go'数字工具来了解实体店的活动、课程和服务，从而规划去当地的丝芙兰店，或者用丝芙兰虚拟助手虚拟试妆。我们今年要在更多社区开启活动，为大家带来最好的高端美妆体验，包括我们热情的美妆顾问实地指导。"

在同一场媒体发布会上，丝芙兰还宣布将改变美妆顾问的穿着打扮。他们聘请了获奖的时尚设计师和美国时装设计师协会（CFDA）成员内莉·帕尔托（Nellie Partow）来做此事。新装扮在哈德逊城市广场首次亮相。过去的黑红套装变成了黑白套装，与帕尔托和丝芙兰的"简约现代轻奢审美"相呼应。

丝芙兰在媒体发布会上表示，新的产品和零售理念深深"植根于美学，为顾客带来最独特的产品种类、店铺设计和服务"。顾客在新店铺可以找到"无穷的美妆选择，包括甄选自 200 多个一流品牌的 13300 种产品"。丝芙兰的产品从化妆品、护肤品到头发护理和香氛；美妆服务从赠送的美妆工作室（Makeup Minis，20分钟一对一的美妆体验）、快速唇妆到"Lash&Dash"假睫毛体验和"找到你的粉底"，不一而足。赠送的护肤Minis（每人30分钟）包括"随意打造""完美无缺""华美妆容"等，顾客可以在60分钟的课程中向化妆专家学到打造标准妆容的技巧和窍门（除赠送部分外，需要额外花50美元购买）。此外，顾客还可以享用PERK补水面膜，这是一款应用PERK技术来去角质、补水、滋养皮肤的二合一面膜，可以达到即时焕颜新生的效果。（这个活动也是优惠活动，只需75美元。）

除各种服务外，顾客还可以参加亲身实践，互动学习美妆课堂。如前所述，丝芙兰实体店员工手中有很多数字工具，比如湿度测试仪可以准确测量皮肤湿度，还有各种"IQ"服务——护肤"IQ"、色彩"IQ"、香气"IQ"等，它们可以让顾客根据自己的需要和喜好找到最适合自己的化妆品、护肤品和香氛用品。在这些新场所中，顾客在美妆课堂上仍然可以使用"丝芙兰虚拟艺术家"应用，以虚拟的方式试用第三方品牌和丝芙兰自有品牌的数千种化妆品。顾客也可以使用"数字化妆指南"。这款应用可以跟踪顾客的所有购买记录，通过发邮件的方式为顾客推荐产品。同样，数字护肤指南会在顾客接受护肤咨询后向其发送定制护肤信息。顾客可以通过"丝芙兰Go"在线预订工具来预约，也可以使用丝芙兰移动应用来预约。

## 时尚观察：与豪华理疗中心合作

2019年，丝芙兰还宣布在加州的3个地点与豪华治疗中心橘皮（OrangeTwist）合作。丝芙兰认为，橘皮是"快速发展的现代理疗店网络。橘皮的创始人是行业领袖，海菲秀公司（HydraFacial Company）的CEO克林特·卡奈尔（Clint Carnell）。公司使命是为顾客提供最入时的非侵入式身体、面部和皮肤护理。"从某种意义上说，橘皮与丝芙兰很匹配，原因是它提供"高度定制的体验，让顾客看到和感受到他们最好的状态"。这可能是合作的第一要务。

橘皮在其官网上表示，"美容品牌大亨"之间的合作"就像金格尔·罗杰斯（Ginger Rogers）（演员）和弗雷德·阿斯泰尔（Fred Astaire）（演员）对戏或者红酒配奶酪一样完美。"卡奈尔说，"丝芙兰的顾客就是我们的顾客。"他表示，皮肤健康和非侵入式美容疗法的发展趋势是更倾向于年轻人和男士，以及更多元化的客户群。"这让人很激动。我们知道他们的顾客更多地关注皮肤健康。他们花更多时间来做面部保养。他们自然会逐步接受我们的产品。无论是 Clear Brilliant 素颜光（一种非剥脱点阵激光技术）、Forever YoungBBL 光子嫩肤仪，还是肉毒杆菌或填充剂，对他们的客户群来说都是很好的、天然的美容神器。"双方合作选取的第一个地点是西洛杉矶的格罗夫购物中心。橘皮将在那里提供海菲秀和其他一些美容理疗服务。2020 年丝芙兰还将在南加州与更多公司合作。

## 时尚观察：为顾客提供信用卡来满足美容和养生需求

2019 年 3 月，丝芙兰宣布与互联网数据资讯网联盟数据合作，发布他们的第一款信用卡。从 3 月开始，丝芙兰陆续发布了丝芙兰信用卡、丝芙兰 Visa® 信用卡、丝芙兰 Visa 签名® 信用卡。"丝芙兰信用卡的发布无论在哪种意义上都证明了丝芙兰的忠诚理念，它囊括了丝芙兰所有最受欢迎的因素——一流的产品、服务、体验和个性化特色——通过特殊通道、奖励和技能让我们的顾客体验上了一个新台阶。"丝芙兰客户关系管理和客户忠诚部高级副总裁安德里亚·扎列茨基（Andrea Zaretsky）如是说，"丝芙兰信用卡是我们客户忠诚措施中必然要走的一步，这会为顾客带来更多价值，他们不仅可以在我们的店铺里使用我们的信用卡，在日常生活中也可以使用。"

丝芙兰信用卡和丝芙兰 Visa 信用卡可以在部分市场申请，在实体店和网上购物都可以使用。丝芙兰信用卡持卡人在美容行家项目之外还可以获得额外的信用卡奖励。丝芙兰 Visa 签名信用卡持卡人也可以享有更多的福利。

申请信用卡且不是美容行家项目会员的顾客可以即刻加入这个项目。当然，需要指出的是，信用卡鼻祖——第一资本的创始人理查德·D. 费尔班克（Richard D Fairbank）曾说过一段著名的话，"信用卡不是金融——它们是信息。"意思是信息卡是提供数据的重要渠道——了解人们买什么、什么时候买、多久买一次、在哪儿买。了解消费者的行为对理解和设计丝芙兰的未来战略至关重要。

## 时尚观察：优化美妆大数据

尽管之前出现过针对虚拟艺术家使用工具的诉讼，丝芙兰还是要继续依靠大科技/大数据来紧跟竞争对手，吸引新顾客、打造基于消费者数据的个性化购物体验。人工智能（AI）和增强现实（AR）已经深入人心。最近，运营丝芙兰虚拟艺术家应用的美容电商 ModiFace 有限公司被欧莱雅收购。而欧莱雅是丝芙兰的竞争对手。有些评论家认为这会让丝芙兰客户的数据陷入危险，因为竞争对手很可能会掌握这些数据。但丝芙兰表示，ModiFace 被收购意味着丝芙兰的这款应用将有更多受众。发布这款应用以来，丝芙兰有超过 2 亿个产品被试用，访问量超过 850 万，预计这种趋势不会减弱。ModiFace 的 CEO 帕勒姆·埃罗毕（Parham Aarabi）说，"美妆行业在未来几年将越来越个性化""如果你在未来 5 到 10 年走进丝芙兰店铺，那么你的每一种体验，从你看到的到店员建议你购买的产品都会基于你的脸型、你的消费历史和你的喜好量身定制""个性化会让购物者的生活更便捷，同时对美妆品牌也更好，原因是它们可以通过为每位顾客提供其所需要的产品而进行必要的改变"。

Altimeter的前分析员布莱恩·索利斯（Brian Solis）说，"丝芙兰是我过去几年研究过的最先进且不断进取的零售商和美妆公司之一。科技只是其中的一部分""丝芙兰还通过聚焦其他企业正在垂死挣扎的领域来扩展数字转型方式。值得一提的是，丝芙兰通过研究数字消费者来了解他们的需求及对美的期待和社会期待，以及他们的感受，如何购物。丝芙兰根据这些信息来调整内部模式、流程和资源，带着目的参与竞争。"索利斯还说，丝芙兰意识到"顾客时刻都在变化"。

福里斯特（Forrester，市场研究与咨询机构）分析师布伦登·威彻（Brendan Witcher）谈到丝芙兰的数字战略时说，"丝芙兰仍然是为数不多的在网站上开设专门区域来提供定制体验的公司之一。他们与顾客对话，而不是让顾客自言自语。这些对话——无论是在店里、应用程序上还是线上——能够帮助丝芙兰更好地了解顾客，然后为他们提供超出预期的体验"。

威彻说对丝芙兰案例研究的最大收获是"了解顾客在购物过程中有痛点，你需要解决这些特别的痛点"。

> **丝芙兰仍然是为数不多的在网站上开设专门区域用来定制体验的公司之一。他们与顾客对话，而不是让顾客自言自语。这些对话——无论是在店里、应用程序上还是线上——能够帮助丝芙兰更好地了解顾客，然后为他们提供超出预期的体验。**

索利斯补充道，"公司高管必须为员工赋予领导数字变革的责任，并把这种责任上升到最高管理层级别，这样公司就可以创新而不只是顺应市场的发展趋势。"

丝芙兰的多渠道零售执行副总裁玛丽·贝思·劳顿给其他零售企业的建议是，"最重要的是持续关注你们的客户和他们的需求。如果你所做的不能让客户的购物体验更快捷或更简捷、更有乐趣，那么这个投资就不值得。"

## 美妆零售企业的未来

美妆和养生、销售、零售、技术和数据的趋势对丝芙兰未来的成功都会发挥重要作用。美妆行业作为一个整体正在蓬勃发展，这意味着丝芙兰将面临更多竞争。犹他是其中最主要的竞争对手。它是独立商场,和丝芙兰不同的是,它把药妆店品牌和高级美妆品牌结合在一起。这家公司的电子商务销售额在2017年增长了60%以上,在高级美妆产品中所占的份额从2012年的不足8%增长到了2016年的13%,打入了丝芙兰的主要市场。据营销信息公司NPD集团的说法,2018年美国高级美容行业的销售额达到188亿美元,较2017年增长6%。NPD集团执行总监和美妆行业分析师拉丽莎·詹森(Larissa Jensen)说,"如果要用一个词来描述当前美国美妆行业现状的话,我想是颠覆。无论是产品种类、品牌,还是零售商,美妆市场在发生翻天覆地的变化。""新的零售理念和技术正在改变我们创造、营销、购买、使用美妆产品的方式。品牌和零售商必须不仅能觉察到这些改变并且积极应对,还要发现新的空白机会(指那些使得公司在其从未涉足新领域取得收入的机会)来吸引消费者,进一步让自己脱颖而出。"展望未来,詹森认为,"基于美妆行业的高适应性,我预测2019年美妆行业将继续增长,但由于目前的经济不确定性,增长的速度可能会放缓。"另外,她预期"会看到目前已成型的趋势和主题将进一步扩展,其中包括品牌透明度、企业社会责任的提升,以及体验式零售和快闪概念的演进。"

欧睿信息咨询公司的数据显示,丝芙兰和犹他的总体市场份额从2010年的11.8%增长到了2017年的15.4%,预测这两家公司"将取代药妆店成为继超市之后的第二大销售渠道"。

虽然面对着让人乐观的数据,但全球咨询公司AlixPartners的零售部门负责人乔尔·拜恩斯(Joel Bines)不认为美妆行业能"抵御亚马逊的竞争"。他说,"我在零售行业待了将近30年。这很难,我的意思不是说美妆就像卫生纸随处都有。但是过去没人能想到耐克能在亚马逊卖东西。""2017年他们就这样做了。"Prosper(繁荣,一家分析公司)指出,"亚马逊是第五大最受欢迎的化妆品销售渠道。"所以亚马逊不是高级的所在,专业零售商完全可以放弃这个阵地。

在2019年《财经》杂志上发表的一篇文章《对丝芙兰来说,实体店是美妆的核心》中,丝芙兰全球CEO拉蓬特对亚马逊在2019年6月发布的通告表示担忧。通告指出,亚马逊正在建立针对大众市场的专业美妆店铺。"亚马逊将成为您的新选择。它有强大的电子商务能力。它没有实体店。我们希望消费者同时喜爱线上购物和实体店购物。"他补充道。同时在线上和线下购物的消费者比只用一种方式购物的消费者购买的次数要多两倍。"亚马逊推着我们去改变游戏规则。"别人认为是竞争的地方,拉蓬特看到了机遇,尤其是在亚洲,也就是他所谓的"超棒的机会"。亚洲地区的销量每年增长20%,而中国的销量每年增长30%。他对未来充满希望。他说亚洲的年轻一代消费者、不断增加的中产阶级,以及人们对高级美妆的浓厚兴趣都很吸引人,这个地区的销量已经占整体销量的15%左右。拉蓬特说,压力在于"不断创新"和认识到"美妆行业发展如此迅速,不能丝毫放慢脚步"。

展望未来,拉蓬特希望新产品、新品牌与消费者接触的方式都有创新——如通过谷歌或中国的微信这样的社交平台进行声音激活订货服务。但是,在人流熙攘的La Defense店里,他说还是希望基于消费者的愿望去创新。他请《金融时报》的记者环顾四周并问记者:"实体店是活着还是死了呢?"没有等记者回答,他说:"对我来说实体店充满生机。商店是奇迹发生的地方。"

# 结语

## 丝芙兰和丝芙兰顾客的新时代

2019年1月,拉蓬特宣布新任免消息,任命琼-安德鲁·卢乔(Jean-André Rougeot)担任丝芙兰美国公司的CEO,他的前任卡尔文·麦克唐纳于2018年7月离职,出任露露乐蒙(Lululemon Athletica)的CEO。麦克唐纳带领丝芙兰实现了数字革新,实施了诸如丝芙兰创新实验室、丝芙兰工作室、丝芙兰展台等项目,扩展了丝芙兰的客户群。从很多方面来说,卢乔接手的是一个根基稳固、蓬勃发展的公司。

在一个大规模变革、竞争日益激烈的时代,领导的更迭意味着丝芙兰将迈进新时代。没有人比卢乔更适合接受这个挑战了。卢乔在贝玲妃(Benefit)任职期间,引领公司价值超越了10亿美元大关,推动品牌全球扩张——当然也不能少了丝芙兰的助力。贝玲妃的销售有一半以上在美国之外的地方，而贝玲妃最出名的是在梅西百货、犹他和丝芙兰这样的零售店里的眉吧（提供修眉、眉毛填充服务）。当然，在任何一个机场都可以看到亮粉色的希望灯塔——贝玲妃的自动售卖机——解决了那些不小心忘带眉笔和眉粉的人的困扰。

拉蓬特看好卢乔在高端零售和领导力方面的独特而富有创新性的做法。他对《WWD》杂志说，"琼-安德鲁丰富的领导经历，对北美高端美妆和零售市场的深入了解，以及作为品牌合作伙伴与丝芙兰合作10多年的经历都让他很适合这个岗位，可以续写我们20年的北美成功故事。"

卢乔说，"能加入丝芙兰我很激动，我对与这个团队合作，为这个标志性多渠道零售品牌再创佳绩充满期待。我们将一道深化丝芙兰的品牌合作，不断创新，用最佳体验和多种类高级美妆产品来满足顾客需求，无论他们选择实体店还是我们的优秀数字平台。"

据《WWD》报道，卢乔的"任务"将包含"维护丝芙兰作为美国和加拿大高级美妆引领者的地位，发展丝芙兰在墨西哥和巴西的业务。"从上一任离职，就有人猜测谁将领导这个零售公司下一阶段的增长。可靠消息称卢乔

"是适合我们公司的最合格人选。他长久以来始终是一位充满活力、头脑灵活、紧跟潮流的 CEO 和品牌塑造者。"

卢乔即将面对的挑战之一是保护客户的个人信息。随着大数据的使用不断增加,每个大型零售商都面临着网络犯罪的威胁。2019 年 7 月,丝芙兰宣布其在中国香港、新加坡、泰国、印尼、菲律宾、马来西亚、澳大利亚和新西兰的系统有安全漏洞。丝芙兰表示只使用公司线上服务或移动应用的消费者会受到该事件的影响,但美国的消费者没有受到影响。泄露的信息包含性别、姓名、肤色、地址、邮箱、联系方式等。丝芙兰表示这次事件中没有任何信用卡信息被泄露,而且泄露的信息也没有被滥用。毫无疑问,这件事引发了顾客广泛的不信任感和担忧。他们担心自己的数据被滥用。对丝芙兰乃至所有的零售企业来说,保护客户隐私和数据必须是重中之重,也应该成为企业未来主要的关注点。

## 不同代际的对比

除维护网络安全,在竞争中保持领先地位外,卢乔还面临着急剧变化的消费人口,但是这可能对他和他的公司有利。"2015 PinkReport报告：丝芙兰顾客"对3133位在丝芙兰实体店和网站购买美妆产品的女性消费者调查显示，虽然丝芙兰吸引着各个年龄段的女性，但千禧一代（千禧年左右出生的一代）是同时在实体店和网站上购物最多的人群。69%的千禧一代表示他们既在实体店购物，又在网店购物。失落一代（20世纪60年代末到70年代中期出生的一代）和婴儿潮一代（1946年到1964年之间出生的一代）的数值分别是59%和49%。毫不奇怪的是，76%的婴儿潮一代和74%的失落一代已经在丝芙兰至少有3~10年的购物经历，而同期有69%的千禧一代在丝芙兰购物。对千禧一代来说，丝芙兰的会员项目吸引力更强。44%的千禧一代表示美容行家项目是"他们到丝芙兰购物的重要原因"。

各个代际相比，虽然失落一代的消费能力更强，但千禧一代在丝芙兰花的时间更长，他们在丝芙兰买最基础的护肤产品。根据标杆资本机构的研究，"从哪个角度来说，千禧一代都是最投入的一代。千禧一代是在丝芙兰的陪伴下成长起来的，丝芙兰出现之前他们大多数不知道BS商场、药房和杂货店是购买化妆品的唯一选择。"这一代人也是伴随着互联网成长起来的。根据研究结果，"这一代人最不相信权威，希望在购买之前就能看到功效的证明。这一代人为丝芙兰而狂欢。他们在社交媒体上表达对丝芙兰的喜爱，发表有关丝芙兰的博文。抓住千禧一代的心是成功的关键。"

> "'千禧一代是在丝芙兰的陪伴下成长起来的，丝芙兰出现之前他们大多数不知道BS商场、药房和杂货店是购买化妆品的唯一选择。'这一代人也是伴随着互联网成长起来的。"

丝芙兰的另一个竞争优势是已在全球范围内建立起来的线下线上网络。在全球范围内获得认可和可访问性让它几乎家喻户晓，虽然还有很多地区和市场等待它去挖掘，比如英国、日本、南美，还有那些丝芙兰已经涉足的地区和国家的某些区域。丝芙兰还有很多积极的发展迹象，这对那些希望复制丝芙兰成功经验或与丝芙兰竞争的企业来说也至关重要。研究结果显示：

- 根据87%受测女性的反馈，丝芙兰是消费者搜索美妆产品的第一目的地。
- 丝芙兰的顾客认为丝芙兰很有吸引力，有自己的风格、时尚和乐趣，并且相信丝芙兰只销售好用的品牌和产品。
- 丝芙兰的顾客不认为丝芙兰不讲究企业责任。
- 丝芙兰的顾客信任丝芙兰销售的品牌。
- 丝芙兰的顾客喜欢"为她打造"的购物体验,但不希望感觉到"唯利是图的兜售感"。
- 对丝芙兰的顾客来说,实体店优惠和特殊待遇很吸引人。

经过所有这些增长、颠覆、适应、丑闻、教训和创新,丝芙兰没有忘记它的初衷。尽管从利摩日一路走来很艰辛,但丝芙兰始终如一地坚持以客户体验为第一要务——无论在何地。尽管多年来设立店铺的术语发生了变化,在丝芙兰购物仍然剧场感十足。顾客在购物的过程中身心愉悦,在试用样品和购买商品后感到像明星一样闪耀。在领导才能方面,丝芙兰仍然灵活多样——适应、改变、发展来实现一个数字化、快节奏、快速发展的全球经济增长——同时努力让顾客和员工感到他们是美丽的。

## 商业经验和机会

虽然丝芙兰遭遇过丑闻和很多伤痛,但丝芙兰的发展历史还是有很多值得学习的经验。丝芙兰从自己的失误中学习，继续实施增长战略来积极完善顾客体验，主要方式是利用其成功经验和被实践证实了的正确做法。丝芙兰用50年时间从法国利摩日的一个小香水店发展成为市值60亿美元的国际高端化妆品零售商的要诀就在于它始终坚持做正确的事。下面是丝芙兰的7条经验，可以帮助其他企业快速上手：

1. 打造令人难忘的体验。当多米尼克·曼多诺在法国利摩日开小型香水店时，消费者几乎不可能对其中的哪个商品有深刻印象。曼多诺通过打造全新和革命性的销售化妆品和香水的方式，把顾客体验置于一切之上。就像曼多诺过去的首席设计师查菲克对丝芙兰的描述那样，"当你走进来，这里的一切是如此引人入胜。"如今丝芙兰的体验式店铺模式和全套活动与服务被其他化妆品零售商纷纷效仿，它也潜移默化地影响了所有商业形式。连银行都开始关注零售中的客户体验了。美国第一资本投资国际集团如今开办了第一资本咖啡店，顾客可以在这里喝上一杯毕兹咖啡，与金融顾问畅谈，拥有处理银行业务之外的愉悦"体验"。杰西潘尼百货也向丝芙兰学习，打造了更新颖的体验（当然比丝芙兰更胜一筹），包括造型服务、冷却地带、咖啡空间、自拍馆、健康养生课堂的移动工作室，还有"风格+实质"生活方式工作室。露露乐蒙于2019年7月在芝加哥开了一家旗舰店。这家店除销售服装，还提供各种课程和讨论沙龙。店里有咖啡厅、水吧、休息区，甚至有调试桌，顾客可以在这里调整、休息。在一个日益数字化的世界，消费者可以在手机上买到他们想要的一切，这时零售商开始思考消费者走进实体店时需要"更多的东西"。他们需要一种体验——在受过培训的销售人员帮助下的自助服务，试用产品，同时保持乐趣、积极向上的体验。换句话说，消费者渴望一种联结，他们希望零售商能带给他们这种联结。如果他们可以在手机上得到他们想要的一切，那么到商店去跑一趟必须要能为他们带来一些"新鲜的东西"——这种东西就是难忘的体验。

2. 希望扩张的时候不要害怕寻找投资者——但要提前规划。曼多诺决定发展和扩张自己的品牌。尽管他跟第一个投资者/买家普美德斯公司的关系破裂了，曼多诺也没有放弃扩张的梦想，他找到了其他的投资商安佰深集团和阿斯托尔。曼多诺通过这两家私人股本公司的合力帮助，最终从普美德斯公司手中购回了他的公司，并执行了他的扩张计划。但值得玩味的是，曼多诺开始与投资商合作时就想好了自己的退出计划。他计划好了自己的退休时间，时间一到他就和投资商一道把公司出售出去。那个时候他和投资商一拍即合，都想扩张这家公司然后将其出售盈利。他们最终这样做了，把公司卖给了LVMH。

3. 保护你的品牌。丝芙兰花了很大力气来保护他们的品牌和形象。首先，丝芙兰设计了一个标志性的品牌形象。他们的标志性门头、内部设计，以及只销售高端化妆品的理念，让它迅速在竞争中脱颖而出。然而，多年来，各种公司试图模仿丝芙兰的品牌形象和服务，丝芙兰没有姑息，而是积极对抗那些侵犯其商业外观的公司并取得了胜利。丝芙兰保护品牌形象的其他方式还包括如何选择合作伙伴、社交媒体达人，以及他们所关注的品牌。丝芙兰在线上和社交媒体渠道所展示的商品和在实体店销售的商品一样都经过甄选。丝芙兰还以在各种媒体公告栏、新闻、广播、电视、互联网、邮件做广告的方式来维持其影响力,其中最有效的方式是通过目标社交媒体活动和YouTube来打造兼具教育和娱乐性的指导,从而扩大品牌客户群。

4. 建立战略合作伙伴关系来扩展品牌。丝芙兰与杰西潘尼于2006年宣布建立合作关系的消息在行业内掀起轩然大波。没有人想过丝芙兰店铺会在杰西潘尼百货内出现。诺德斯特龙(Nordstrom's)或者萨克斯(Saks)还有可能,但是杰西潘尼?没人想过。丝芙兰不怕冒风险去挖掘巨大而未被挖掘的机会。杰西潘尼在全美有1000家百货,这样一来丝芙兰就可以拥有数千个新的潜在顾客。如果不是因为这次合作,这些顾客不会去光顾丝芙兰的独立店铺。尽管这种店中店模式如今很普遍,在当时这确实是个创举。这一次又有越来越多的商店和行业跟风——三星在百思买开店,人类学(Anthropologie)在诺德斯特龙开店,终点线(Finish Line)运动鞋、太阳镜小屋(Sunglass Huts)和星巴克咖啡店在梅西百货开店。店中店对零售商和租户来说是双赢的，可以提供机会改善购物体验和吸引那些希望更了解某一款产品或品牌的消费者。对像丝芙兰这样的租户来说，这种模式为它们提供了比独立店面更好且风险更低、费用更低、开办成本更低的位置。如今，丝芙兰在美国几乎650家杰西潘尼百货中开设了店面。除实体店外，丝芙兰还是杰西潘尼百货官网上唯一的在线美妆产品销售商。目前每年有数百万消费者在杰西潘尼官网上购买丝芙兰产品。

5. 通过促销和活动项目来打造品牌忠诚。在2006年LVMH年报中，丝芙兰强调了"多样化战略和打造顾客忠诚"。过去十年来，持有丝芙兰会员卡的人数不断增加，仅美国就有1000多万持卡人。它被视为零售和电子商务忠诚社区最著名和最成功的奖励项目之一。丝芙兰会员卡持卡人被称为"美容行家"。美容行家项目是丝芙兰在美国和加拿大开展的免费奖励项目。顾客每次消费都可以获得积分，可以用积分兑换奖励。丝芙兰出色地将奖励与其高端品牌相匹配。美容行家会员除了用积分兑换折扣,也可以用积分到奖励市场去兑换更多美妆产品。丝芙兰品牌忠诚取得成功的另一个原因是个性化产品建议。丝芙兰根据每位顾客过往的购物历史来为他们量身推荐新品。定制服务再一次在打造积极的体验和让顾客感到被关怀,在成为"美丽一分子"方面取得了长足发展。

6. 专注多渠道体验。如前所述,"多渠道"一词用于描述跨渠道内容和大多数公司或机构用来为消费者带来更好体验的物理策略。丝芙兰的线上渠道无法与实体零售体验媲美,原因是实体店购物可以满足消费者在最便捷的地点和时间购物的需求。渠道包含但不限于物理场所(独立店铺和店中店)、线上、移动应用,甚至社交媒体。丝芙兰始终坚持多渠道战略,在融合线上和实体店数字体验方面做得很好,让数字空间更舒适、更具联结性。在实体店里,顾客可以通过数字化方式分析自己的脸部特点和皮肤,从而找到最适合自己的粉底和彩妆,然后把信息发送到自己手机上,这样他们就可以在家继续购物了。在家中上网时,他们不仅可以在线上购物，还可以根据个人爱好参加在线群组。一切皆融合，因此消费者可以选择他们想要何种体验、何时体验、何地体验以及以何种方式体验。

7. 在创新和科技方面投资。丝芙兰取得成功的关键因素是保持创新，永远保持前瞻性，利用最新最好的科技。他们在公司内部设置了自己的网络开发部，从而变得更敏捷更灵活，能够更快地将产品和服务推向市场。他们还可以保持内部网络的完整性，这意味着更好的形象、更好的产品信息、更顺畅的沟通。丝芙兰还不断演进、创造新的移动网络体验，从而让自己立于不败之地。除了拥有一支敏捷灵活，能够迅速满足顾客需求的公司内部队伍，丝芙兰还将数字和网络开发整体嵌入公司结构和领导力。由于公司结构是以消费者为核心的，他们并没有将数字和技术部门割裂开来，而是在最高层次上将二者整合。丝芙兰还在旧金山建立了创新实验室，永远寻求新的品牌机会、更新技术，将伟大的想法付诸实践。